I0013960

CYBORG IS COMING

CYBORG IS COMING

El cibermundo desde el prisma criminológico

Jorge Ramiro Pérez, Antonio Silva, Ariadna Margalef, Guillermo González, Jose Servera, Carla Pérez, Abel González

Criminología y Justicia (ed.)
Palma de Mallorca

Edita: Grupo Criminología y Justicia.

www.grupo.crimyjust.com

dirección@crimyjust.com

ISBN-13: 978-1532788673
ISBN-10: 1532788673

Año 1ª Edición Impresa: abril 2016

CONTENIDO

PRESENTACIÓN

Jose Servera. Director de Criminología y Justicia.

La obra que tiene a su disposición el lector pertenece a la colección especial de obras que Criminología y Justicia ha editado para celebrar el quinto aniversario de su nacimiento. Para ello, y teniendo en cuenta el elevado volúmen de artículos que se han publicado durante todo este tiempo, creemos que un buen modo de preservar y promover ese conocimiento es difundiéndolo a través de la elaboración de una serie de obras que compilen todo el contenido publicado desde mayo de 2011 hasta ahora.

Así mismo, en el caso de *Cyborg Is Coming* la cosa va un poco más lejos. Se puede decir que lo que ha sucedido es más o menos lo mismo que pasa cuando quedas con los amigos y te dices que solo te tomarás una caña, y al final acabas a las 11 de la mañana del día siguiente en una *rave* muy loca repleta de personajes oníricos y mágicos que bailan al son del *trance*. Por supuesto se trata de una exageración, pues ninguno de los autores de esta obra hemos acudido nunca a una fiesta de esas [...]. La cuestión es que más allá de ser una mera recopilación de artículos en torno a la relación entre ser humano, nuevas tecnologías y criminalidad, en este libro te encontrarás también con artículos inéditos, con otros tantos que han sido revisados y ampliados especialmente para la ocasión, y con dos prólogos estelares e inclasificables de Jorge Ramiro Pérez, al que debemos calificar como el gran arquitecto de la Criminología Cyborg en España.

No te entretengo más y te invito a que saborees la obra muy lentamente. Sé que en los tiempos que corren la apología al pensamiento en *Slow Motion* se ha convertido en algo casi utópico, pero te encomiendo a que como mínimo lo intentes, pues valdrá la pena.

PRÓLOGO I: DEUS .EXE MACHINA

Prof. Dr. Jorge Ramiro Pérez. Departamento de Derecho y Relaciones Internacionales. Universidad Europea de Madrid (UEM)

Escribiendo...

No la conoces, pero ella te ama. Está en tu sangre, y en tu código, y en tu plasma.

(La primera vez que naciste estabas hecho de otras cosas)

Reconstrucción: jirones de un juguete mecánico de hojalata, plástico y mosaicos.

Una piscina en la que estás siempre sumergido. [....................☺........]

Flotando en este líquido amniótico. Caldo primigenio
#Vegan #Healthy

Te desangras

en

una

hemorragia

de metadatos y, sin embargo, estás
vivo.

Renaces como un Fénix de plumajes flamígeros rojo
Netflix. Tu corazón late de nuevo en tu pulsera.

Es un amanecer y una fiesta lunar, el sol perdió gajos de
naranjas sobre el mar (Filtro *Earlybird*).

Quedas suspendido por la línea de puntos que separa el
horizonte entre *retweets*.

Has visto un agujero negro en el tambor de una lavadora
inteligente que ya no pierde calcetines. Has visto porno
catalogado en rodajas: placas de Petri de sexo psíquico.

Te amó cuando eras un rectángulo de 8-bits en un espejo
cóncavo, incluso cuando guardaste el tiempo en una nube
de coltán.

Naciste de una ecografía en *Facebook*, te susurró memes al
oído cuando corriste tu primera *Spartan Race*: "El barro es
la gloria del guerrero".

Su beso mecánico te paraliza en este abrazo que ocupa millones de Terabytes. Su cuerpo, nodos eléctricos, QR tatuados con neón.

Déjame fotografiarte con más máscaras y un algoritmo de reconocimiento facial. Ella te exige, lúbrica – *es hora de morir por mí-*.

Nyan Cat surcando los cielos en un bucle de música trance.

Tú, que compartiste la brujita de la suerte, oferente de frases de profundidad *low-cost* franquiciada.

Semper Wi-Fidelis.

¡*Selfie* con un oso!

Hasta aquí línea de código.

PRÓLOGO II: EN DEFENSA DE UNA CRIMINOLOGÍA CYBORG

Prof. Dr. Jorge Ramiro Pérez. Departamento de Derecho y Relaciones Internacionales. Universidad Europea de Madrid (UEM)

1. INTRODUCCIÓN: EMBATE

De manera continuada y envolvente las nuevas tecnologías digitales han penetrado en lo íntimo del comportamiento humano. Un embate que ha reordenado por completo códigos axiológicos, procedimentales, psicológicos, sexuales y sociales. La invitación de esta obra es a considerar al ser humano como especie en otros términos y en otro lenguaje. A pesar de que la paleo-dieta parezca exigir una vuelta nutricional a nuestros orígenes más bestiales.

La rueda, la imprenta, la máquina de vapor, internet; nuestra relación con el instrumento siempre ha sido profunda y necesaria, facilitadora de hitos evolutivos que han marcado periodos sociales trascendentes. Redefiniendo el transporte, la forja de nuevas relaciones mercantiles y personales, la transmisión del conocimiento y, también debe ser dicho, algunas conductas desviadas y desigualdad social. A pesar de ello, el embate (rechazo el uso del término impacto en este sentido) ha cautivado la imaginación y curiosidad de autores de ciencia-ficción (novelada, cinematográfica, novela gráfica) pero también de académicos y estudiosos de las ciencias humanas y sociales.

Un fuerte imaginario distópico (Yar, 2014; Wall, 2008) y apocalíptico ha generado una narrativa tecnófoba: Robots/ordenadores inteligentes y perversos, sistemas de control hipertrófico y disfuncional, tecnoconspiranoia y pánicos morales (Cohen, 2011) en todo lo referente al tratamiento del ciberdelito en internet. Desde otro punto de vista, el de la utopía (Yar, 2014, pp. 31-46,) se presenta el discurso de elevación que supone internet, una suerte de apoteosis que nos brinda cinco grandes posibilidades:

1. Una nueva democracia real y transparente muy centrada en la participación popular, es decir, la utopía política.
2. Una profundización de lazos comunitarios en entornos urbanos, cual utopía urbana.

3. La consecución de la igualdad, que podría entenderse como utopía social.
4. El autodescubrimiento, una utopía personal.
5. Y finalmente la utopía de corte trascendente, que entronca con un discurso posthumano.

Con respecto al embate de las nuevas tecnologías en nuestros patrones de pensamiento y actuación paso a realizar una reflexión (de tipo superficial), anexa al entramado lírico de las primeras páginas de este texto.

Las pulseras *Fitbit* (2016) miden tu ritmo cardiaco, pautas de sueño, pasos, escaleras subidas y se sincronizan de manera continuada entre la nube (digital) y diversas aplicaciones en móviles, *tablets*, etc. Algo tan íntimo como la ansiedad, el dolor, la excitación o la alegría a disposición de un artefacto en nuestra muñeca. Las universidades han desarrollado Campus Virtuales que permiten subir trabajos, descargar temas y contactar con alumnos en todo el mundo. Como profesor de cursos on-line y como antiguo alumno de doctorado de una universidad británica puedo enseñar (no sin estar, sino estando de otra manera) y consultar miles de libros en formato electrónico en bibliotecas de otros países.

Al mismo tiempo, las redes sociales han generado toda una serie de fenómenos de tipo memético y viral (a modo de ejemplo, los *Youtubers,* que han cambiado la manera de producir entretenimiento[1]). Activistas sociales y animalistas utilizan las redes como instrumento

---

1. Incluyendo personas que abren cajas de productos, otros que aplastan muñecas con una prensa o comentan su cesta de la compra.

etnográfico de denuncia social. También, la propia Policía y la Guardia Civil han obtenido mucha popularidad gracias a una nueva orientación más cercana y ciudadana. Los políticos han utilizado (sobrecargado, incluso) las redes, con mayor o menor éxito, de cara a las pasadas Elecciones Generales. El fenómeno *selfie* ha ido generando todo tipo de taxonomías extravagantes: enfatizando alguna parte del cuerpo, haciendo deporte, post-coital, al levantarse (sin ánimo de exhaustividad). Al respecto, el propio Gobierno ruso ha publicado una guía para proteger contra lo que se denomina la "muerte por *selfie*" (ABC, 2015; El País, 2015; Golby, 2015; Ruiz Marull, 2015), personas que accidentalmente pierdan la vida en busca de una fotografía extrema en la superficie de vehículos en marcha, a grandes alturas, etc. *Instagram* nutre una serie de celebridades multimedia como Dan Bilzerian (Millard, 2015) o el matrimonio Yotta (Yotta Life, 2015) centrados en una cultura del exceso, del culto a lo físico (en su vertiente sexual y estética) y a un estilo de vida orgiástico y dionisíaco que representa parte de las ansiedades hipermodernas (Lipovetsky, 2005) como la fama, la moda, la belleza y esencialmente el hiperindividuo y el hipernarcisismo; en definitiva la objetificación entronizada y mitómana del uno mismo y de los demás.

2. SOMOS CYBORG

Tratando de encontrar sentido a todo lo anterior, y de orientar nuestro lugar en un mundo intoxicado de información, cabe hacer una reflexión ontológica sobre nuestra propia humanidad y su posible obsolescencia programada. ¿Cómo nos definimos en relación con la máquina? ¿Desde la oposición, la integración, tal vez la yuxtaposición? ¿En qué nos ha convertido este embate?

Haraway (1991) desarrolla su visión del cyborg *(cybernetic organism)* como un alegato y una alegoría posmoderna de espíritu feminista. La autora trata de encontrar un nuevo lenguaje y posición de la mujer en el "circuito integrado". El *cyborg* supone una liberación de las constricciones y construcciones patriarcales tecnocráticas a través de un discurso blasfemo que aboga por la reinvención de lo animal y lo humano, lo orgánico y la máquina y lo físico y lo intangible debido a las rupturas cruciales de las fronteras entre estos elementos (p. 152). En cuanto a la ruptura fronteriza entre orgánico y mecánico, indica la autora:

Las máquinas del siglo veinte tardío han hecho plenamente ambigua la diferencia entre natural y artificial, mente y cuerpo, autodesarrollable y diseñado externamente y muchas otras distinciones que solían aplicarse a organismos y máquinas. Nuestras máquinas son inquietamente vivaces, y nosotros mismos terriblemente inertes. La determinación tecnológica es solamente un espacio ideológico abierto por las reconcepciones de máquina y organismo como textos codificados a través de los cuales nos involucramos en la obra[2] de escribir y leer el mundo. (Haraway, 1991, p. 152, traducción propia[3])

___

2. Nota sobre la traducción: La autora utiliza la palabra "play". Debido al tono irónico y metafórico del texto, cabe entender que podría referirse tanto a una obra teatral como a un juego.
3. Late twentieth-century machines have made thoroughly ambiguous

Afirma Haraway que el *cyborg* es una construcción de realidad social, así como fantástica (p. 149) y finalmente, "una criatura en un mundo post-género" (p. 150, traducción propia[4]).

Esta incapacidad del *cyborg* de circunscribirse a una única ontología lo convierte en la criatura mutante superviviente perfecta, puesto que es un todo amalgamado sin sacrificar lo que ha sido y lo que será. En definitiva, el *cyborg* genera un interfaz que permite la conexión entre lo humano, la máquina y la naturaleza; entre lo creado y lo nacido sin adscribirse a ninguna identidad dicotómica. La narrativa *cyborg* de Haraway generó toda una corriente de ciberfeminismos, algunos de ellos artísticos (Kuni, 2007) que entienden el lenguaje como el ente *cyborg* definitivo por su capacidad conectiva y su naturaleza viral. Incluso encaja en corrientes narrativas de ciencia ficción utópica y distópica (Yar, 2014). Sin embargo, la visión del *cyborg* que quiero poner de manifesto en mi obra (Pérez Suárez, 2016a, 2016b) se centra, no tanto en la visión de libración feminista o en la corriente fantacientífica crítica, sino en la lectura del interfaz humano-(orgánico)-máquina y su manifestación semiótica[5]. Es por ello, que la lectura *cyborg* planteada

---

the difference between natural and artificial, mind and body, self-developing and externally designed, and many other distinctions that used to apply to organisms and machines. Our machines are disturbingly lively, and we ourselves frighteningly inert. Technological determination is only one ideological space opened up by the reconceptions of machine and organism as coded texts through which we engage in the play of writing and reading the world.

4. a creature in a post-gender world.

5. Es de suma importancia manifestar que en internet nuestra

(aquella que expresa la fusión psíquica y social con Internet) quedaría incompleta sin la referencia a la "sociedad red" (Castells, 2010) y el *Apparatgeist* (Katz & Aakhus, 2002).

Según Castells (2010), la sociedad red es aquella cuyo componente fundamental es la información (p. 71). Los elementos de esta sociedad tienden a la conectividad creando nexos en un hipertexto cultural, mente colmena de la sociedad digital (p. 403). Esta sociedad red tiene unas características tales como la ubicuidad de la tecnología y sus efectos (p. 70) moldeando todos los aspectos de nuestras vidas; la flexibilidad y la lógica red (pp. 70-71) según las cuales el sistema tiende al crecimiento, la perpetuación y la conexión; la integración entre unos y otros. De manera cercana, Katz y Aakhus (2002) hablan del *Apparatgeist* y la lógica del contacto perpetuo según las cuales las máquinas y la sociedad se retroalimentan, justificando la sociedad cambios en las normas de la tecnología y la tecnología en las normas de la sociedad. Además, este contacto perpetuo produce una constante ansiedad debido a la incertidumbre de la desconexión. Las normas que justifican el uso y creación de máquinas parecen tener, según los mencionados autores, cierta homogeneidad a lo largo del globo.

Es decir, si entendemos el discurso *cyborg* como una metáfora liberadora posmoderna anteriormente mencionada, de fuerte contenido crítico y humanista, así

---

existencia es simbólica (Zizek, 2009). Pensemos en nuestro avatar en algún juego, en los emojis para expresar risa o tristeza, en las fotografías retocadas de Instagram, en los memes, etc.

como las ideas de "sociedad red" y *Apparatgeist* podemos, a modo de reflexión como especie, entender que las capacidades de la fusión con la máquina nos acercan a un horizonte transhumano cercano a lo posthumano. Nada quiere decir que hayamos sacrificado nuestra humanidad, convertidos en esclavos de un grotesco Leviatán antropófago que rapta nuestra alma compartida a través de insanas adicciones. La integración tiene efectos profundos en la identidad, en la sexualidad[6], el aprendizaje, incluso en la consecución de igualdad social a través de un acceso generalizado al repositorio humano.

Sin embargo, al haberse producido un renacimiento/ reconstrucción, en el que las nuevas tecnologías han sido las comadronas robóticas de una nueva era *cyborg*, todo aquello que es humano se ha nutrido y transmitido en este fluido amniótico eléctrico y transformador. La desviación, el delito, la desigualdad, el narcisismo patológico, la mitomanía enfermiza se han convertido en la contrapartida de esta era evolución. En algunos casos, se han producido respuestas desadaptadas a la transformación. Tal vez la transferencia se ha visto truncada en algún momento, paquetes de datos corruptos, un virus en el sistema.

---

6. Es fundamental considerar todos los efectos de la tecnología en la sexualidad: desde aplicaciones para encontrar pareja, hasta pornografía de corte específico, hasta la posibilidad de llevar a cabo fantasías fetichistas, pasando por el cibersexo o la corriente de juguetes sexuales informáticos.

3. CRIMINOLOGÍA CYBORG: MANIFIESTO Y POSTULADOS

Es aquí donde debería entrar en juego la criminología *cyborg*. La cibercriminología, a mi humilde parecer, ha cometido el error de despreocuparse de las causas y consecuencias del delito informático. Se ha convertido en una cuestión meramente fenomenológica, pero ha dejado de lado cuestiones ontológicas y epistemológicas fundamentales. Algunos autores, a la hora de acercarse al ciberdelito (Brenner, 2010; Wall, 2007) ofrecen una clasificación puramente instrumental. Es por esto que Yar (2006) pide que se establezcan nuevas teorías y nuevas aproximaciones al concepto de cibercriminalidad.

El legislador internacional ha ido introduciendo en su agenda las mutaciones que se producen en los delitos como consecuencia del embate de las nuevas tecnologías. Agencias encargadas de la investigación del delito, en su vertiente informática, advierten de los peligros (CEOP, 2013; EUROPOL, 2015; IC3, 2014) que el ciberdelito supone. Lo hacen presentando cifras, analizando sus diferentes manifestaciones fenomenológicas, advirtiendo al usuario final y realizando proyecciones de futuro. En la mayoría de los casos, el *onus* se coloca sobre el usuario final, al que se convierte en una víctima responsable de su propia victimización, tal vez por la prevalencia de un acercamiento basado en la racionalidad en la explicación de la etiología del ciberdelito (Miró Llinares, 2011; Newman & Clarke, 2003; Yar, 2005). Esta concepción situacional (Clarke, 1999; Cornish & Clarke, 1986, 1987) del delito informático, muy centrada en la balanza oportunista de delincuentes y la conversión de la víctima en un mero blanco posee, según mi aproximación conceptual, una visión limitada.

En estos casos, se dejan de lado ricas texturas culturales, psicológicas y antropológicas que han dado lugar al nacimiento de sofisticados delitos informáticos. También se dejan de lado el estudio de los cambios en los patrones de comportamiento de jóvenes, de ancianos, de parejas, incluso de los nuevos modelos familiares. Fenómenos como el *sexting*, el *trolling*, el *revenge porn*, la cultura *selfie*, algunas formas de pornografía extrema o específica, la pro-anorexia, fenómenos idolatras, etc. Parecen quedar relegados a un mero criterio de oportunidad, olvidando afiladas aristas psico-sociales que forman realidades complejas. Es por ello que la criminología *cyborg* (Pérez Suárez, 2016a, 2016b) se presenta necesaria en base a los siguientes postulados:

1. Una criminología que considera el embate de las nuevas tecnologías en todas las facetas del comportamiento humano y estudia el vínculo emocional formado entre la humanidad y la máquina.
2. Una criminología que busque comprender y reaccionar frente a las nuevas formas de criminalidad generadas por la proliferación de la tecnología digital y el interfaz máquina/

humano. Entre las cuales también debe considerar el comportamiento desviado, las adicciones, la desigualdad, (incluyendo las desigualdades de genero), el suicidio, la parafilia, etc.

3. Una criminología que incorpore un discurso antropológico, sociológico, cultural, crítico, sexual y psicológico al tratar la relación del ser humano con la máquina.

4. Una criminología que busque diseñar, probar y diseminar teorías criminológicas para la explicación del delito informático, siempre desde estos postulados.

Un cambio de sensibilidad es necesario en todos los que tratamos el fenómeno de la ciberdelincuencia. La criminología es lo suficientemente rica como para albergar nuevas conceptualizaciones, pero el ser humano es una realidad que va más allá de lo bio-psico-social, en una escala Likert entre lo mísero y lo sublime. Una realidad que no podemos dejar escapar en nuestra labor investigadora.

4. INVITACIÓN

Una vez dicho esto, me es grato invitaros a sumergiros en este libro, de la mano de autores a los que tengo un gran aprecio en lo personal y en lo profesional. Gente joven, de vocación multidisciplinar, apasionados de la criminología y algo iconoclastas.

Espero que la lectura os haga reflexionar. *Hardcore* para la mente, un festival de verano de música tecno sonando con palabras caleidoscópicas, sobrecarga neuronal, activación cortical extrema. De momento, daros las gracias por haber llegado hasta aquí. Es hora de adentrarse en este universo de bolsillo. De reflexionar un poco sobre uno mismo, sobre el nosotros, sobre el otro y sobre la colectividad.

Dado que estamos ante una obra de vocación esencialmente transmedia (y una ciencia como la criminología parece encajar en narrativas nodales) mi segunda invitación es a discutirla, a compartirla, a difundir la palabra entre amigos y compañeros como haría un buen acólito del CrossFit[7]. El *cyborg* os exige una fotografía con este libro, una pequeña ofrenda viral. Podéis utilizar #CyborgIsComing como nuestro *hashtag*: palabra clave que nos permitirá encontrarnos en el infinito inconsciente colectivo que forman las redes sociales. Tal vez un guiño, un ejercicio de ingeniería social, una labor de marketing posmoderno. Ahora estamos conectados a través de este nexo semiótico.

Por aquí, por favor. Están esperando.

[El mensaje se entregó a los destinatarios]

---

7. Como un divertimento metanarrativo, también os invito a encontrar todas las referencias fitness ocultas en este artículo.

EL CIBERESPACIO COMO MEDIO DE CONTROL

Un nuevo concepto de Panopticón

Ariadna Margalef y Antonio Silva. Estudiantes de Criminología en la UOC.

INTRODUCCIÓN

"Porque Internet es un instrumento de libertad y de autonomía, cuando el poder siempre ha estado basado en el poder de las personas, mediante el de información y comunicación. Pero esto se acaba. Porque Internet no se puede controlar" (Castell, 2008).

Nos adentramos en una nueva dimensión de la realidad, donde lo físico y lo onírico es uno, donde todo es posible en un mero instante. Un lugar con entidad cifrada pero no palpable y donde nadie ha conseguido hacer imperar unas normas a seguir debido a la constante mutación de la criatura y al devenir aún más polimorfo de los nodos que la componen. Bienvenidos al ciberespacio, una realidad paralela a la física apriorísticamente, un no lugar con más entidad y sustento que muchos de los lugares físicos cotidianos, que ha adquirido un poder y notoriedad sobresalientes en el transcurso de los últimos años. Es tal dicha pulsión, que no concebimos nuestra realidad si no es mediante las TIC's, aquellos *gadgets* que nos permiten ser superhéroes dentro del medio físico. Nos dotan de poderes como hacer llegar nuestra voz a miles de kilómetros de distancia, poder ver cual Légolas la cara de nuestros amigos desde el otro lado del horizonte o predecir el futuro mediante aplicaciones que nos informan sobre cuánto tiempo tardaremos en llegar a casa. Aunque cada vez se desvirtúa más el término de hogar ¿qué hemos de interpretar por hogar?¿Ese lugar donde pasamos más tiempo relajados y confortablemente manteniendo relación con nuestro entorno más cercano?¿El muro de *FaceBook*? Todo dependerá desde la óptica en la cual se mire, si desde los valores sólidamente positivistas o si desde la liquidez de la postmodernidad (Bauman, 2002).

Sea como fuere, lo cierto es que la trascendencia (Haraway, 1991) ha irrumpido sin darnos cuenta en nuestras vidas y el sujeto, entendido como unidad de un ente social comunitario, ha aprendido a desarrollarse de manera más óptima a través de la fibra óptica. En éste medio, el individuo construye su yo a partir de las miles de teselas cibernéticas, cultivando de forma constante su ego hipermodernista (Lipovetsky, 2014), como defienden autores como Pérez (2016). Ya no hay timidez ante el chico que nos gusta, nadie sabrá si el joven atlético del avatar somos nosotros realmente y nadie nos impondrá qué debemos o no hacer. El sujeto es quién decide ser tras su infinita red de *proxies*, donde en la negrura más sempiterna del ciberespacio se coloca su colorido avatar yobserva e interactúa.

¿Qué ocurre entonces con el sujeto físico? ¿Dónde se encuentra el humano cuando trasciende? ¿Es libre de ir y hacer cuánto quiera? ¿Posee las mismas habilidades sociales en ambos entornos?

EL DESFALLECIMIENTO DE LAS HABILIDADES SOCIALES

El humano, en tanto animal social, está destinado a relacionarse con su entorno. El proceso socializador, entendido como aquellas pautas que adquirirá el individuo para desarrollarse conforme a las normas sociales establecidas por los grupos influyentes de una sociedad y que dispondrán diferentes fines (Busino, 1992), puede extrapolarse a la red. *Ergo*, no solo la figura paterna que enseña a su hijo cómo afeitarse es extrapolable a un motor de búsqueda como *Google*, sino que además éste hijo podrá acceder a ese aprendizaje sin tener que esperar a que su padre regrese de su trabajo o disponga de tiempo material para dedicarle. El tiempo y el espacio se instauran como pautas divergentes y plásticas en este nuevo entorno, donde impera el ya y no importa el soporte (Bauman, 2002).

El desarrollo de las cohortes 2.0, que han nacido ya dentro de este nuevo paradigma vital (Pérez, 2016b), ha encontrado dos formas de realidad social, una limitada y una sin fronteras. En tanto que el ciberespacio no tiene fronteras horarias ni espaciales, se postula como forma más atractiva de interrelacióncon los demás (Bernete,

2010). En éste ámbito nacen las redes sociales, entendidas como una versión *Premium* del antiguo concepto de grupo de amigos, que genera en consecuencia un importante capital social que será positivo o tóxico dependiendo del uso individual que de ésta nueva forma de entender las relaciones sociales se haga (López, 2015).

No obstante, hemos de poner atención a la vacuidad de este nuevo método de interacción, donde ahora el sujeto se siente más cómodo incluso que en el físico, porque puede manipular la realidad y la identidad a antojo (Bernete, 2010). Donde el *status* puede no llegar a generarse en tanto a las atribuciones beneficiosas que el sujeto genere a la comunidad, sino sobre la premisa de cuantos *likes* se tenga o la magnitud de la lista de amigos. Donde para crear capital social (Fukuyama, 1995), el sujeto mostraría lealtad a la máquina, honestidad al código y dependencia del *like*. Es más, vemos como el propio lenguaje se ha transformado, se ha generado un auténtico metalenguaje que gira alrededor de esta nueva dinámica compuesto por iconos, *hastags* y *tags* en fotografías (Pérez, 2016c).

¿Podemos hablar entonces de una ruptura de las habilidades sociales? Nosotros proponemos una visión más híbrida, no consideramos haya habido una ruptura de las habilidades sociales en el sentido estricto del término, sino más bien una transformación de las mismas. Los valores que encierran el nuevo metalenguaje siguen siendo extraídos de la etapa anterior, diversión-XD, amistad-*follow*, amor-(L), ignorar-*unfollow*, sexo-*sexting*... La disonancia más bien radicaría en la intensidad de determinados valores frente a otros, en la moral y la ética que se genera en este nuevo medio donde todo es válido y, según algunos postulados, somos libres y nadie nos controla ¿o sí?.

LA FALSA LIBERTAD

Somos libres en el ciberespacio, nada nos supone una barrera que nos impida comprar el último calzado de moda en nuestra tienda de siempre a altas horas de la madrugada. No hay un policía que nos detenga por navegar con más velocidad de la permitida sobre la *Surface* o llevar más propulsión de la estipulada en la *Darknet*. El individuo se siente libre en un medio en el cual puede exponer su opinión sin miedo a recibir un castigo bajo la pseudoseguridad de que ha puesto un filtro de seguridad, ha hablado bajo un avatar anónimo o ha borrado sus registros. Pero entonces... ¿No es paradójico que si somos plenamente libres podamos expresar nuestras ideas y realizar nuestras conductas sin tener que interponer filtro de anonimidad alguno? Somos libres para subir el último *selfie* tomando una copa en el local de moda, pero no somos libres de exponerla sin pasarle un filtro de Instagram para vernos más hercúleos o con un tono de piel adecuado. Somos libres para exponer las mayores obras de narcisismo nunca vistas, pero no lo somos para publicar nuestra desviación sexual. Entonces, la dramaturgia más lirista, el interaccionismo más goffmaniano (Goffman, 2001), es trasvasado al mosaico cibernético. En el momento en el cual actuamos de aquella forma sobre la cual se concibe que debemos actuar, no dejamos de ser meros actores de una obra previamente escrita ¿Dónde está pues nuestra libertad? ¿Dónde está esa amplitud de fronteras que tiene como bandera el universo interactivo? ¿En qué momento puede ser vulnerado ese guión y actuar con total espontaneidad e improvisación? Lo cierto es que nos encontramos insertos en una doble moral constante, valores éticos que se ven impregnados en las nuevas dinámicas vitales y donde ahora el juez no viste toga ni lleva martillo, sino que nos saluda desde el avatar posando con morritos.

PANOPTICÓN vs RIZOMA

Entonces, si nos postramos ante un concepto de falsa libertad, significa que sí que hay unos elementos que la coartan, y es que somos nosotros mismos los que acotamos la idealista libertad en el momento en que nos exponemos a ojos de todos y escudriñamos las conductas del resto. Nos convertimos en jueces, víctimas y verdugos criticando con quién mantiene una relación con quién, cuánto dinero gastamos o dejamos de gastar, etc. Convirtiéndonos en eternos vigilantes de los comportamientos de terceros que son juzgados sin tener derecho a réplica y castigados sin piedad mediante el *spameo* más variopinto siempre y cuando se salgan de aquel marco de actuación que esperamos obtener de ellos.

Ello nos lleva a la idea de poder, el poder de juzgar, de penar, de subyugar bajo un marco de concepciones valorativas sobre qué es bueno o malo hacer. Esta idea de poder, ha sido rechazada por diversos autores basándose en la metáfora del rizoma (Deleuze&Guattari, 1977), bajo la cual en el ciberespacio no podría imperar poder vertical o jerárquico alguno, puesto que todos somos iguales ante la deidad virtual. Es decir, en tanto que un policía tiene la posibilidad de extraer datos de nosotros, nosotros también tenemos la oportunidad de investigar sus gustos musicales en *Spotify*, su estado físico mediante los trayectos de *Fitbit* que publica en su muro de *FaceBook* o donde va de vacaciones mediante sus *selfies* en *Twitter*. La metáfora del rizoma, basada en las raíces y tallos que un tubérculo presenta, viene a desarrollar que todos somos partes interconectadas de forma horizontal en el ciberespacio y, por ello,uno no puede ejercer más poder sobre otro que el otro pueda ejercer sobre el uno. Podríamos entender que la ruptura del poder jerárquico y el surgimiento del rizoma, se daría cuando se rompe el interaccionismo inter-cyborgs. Es decir, en aquel momento en el cual un sujeto mediante el anonimato realiza actividades en el ciberespacio, está mortificando el pacto sagrado del guiónencriptado. Ya no está actuando como otros esperan que actúe, pero la otredad no es consciente de ello y en tanto a este argumento surge la inexistencia de poder-control, puesto que no esperamos nada de ese nodo, ni un saludo cordial, ni un código ético, ni una coerción. Se rompe, por ende, la tecnología disciplinaria y desaparece la semiotécnica del castigo (Foucault, 2012). Pero esta perspectiva supone cierta asimetría, ya que no todos los nodos del rizoma estarán en igualdad de posibilidades en tanto que pueden tener más o menos conocimientos, más o menos habilidades, más o menos tiempo para permanecer *online* o más o menos poder de convocatoria (Ragnedda, 2011). Así pues, si un sujeto o un conjunto de ellos se instauran como ideales, tendrán mayor capacidad de influencia en el resto de la cibercomunidad y, por ende, más poder para poder juzgar.

IMAGEN 1. RIZOMA

Es aquí donde renacen Bentham (2011) y Foucault (2012) y su panopticón evolucionado. Bajo esta perspectiva, podemos observar que sí hay un poder vertical, un poder ejercido desde las macroempresas, desde determinados estados y desde nosotros mismos. Vigilantes constantes en torres invisibles que saben qué hacemos, cuándo lo hacemos y cómo lo hacemos y que bajo el miedo de que no nos descubran haciendo aquello que no debemos actuamos de distinta forma o, al menos, ocultando lo mejor posible nuestro rastro. Pero entonces ¿si hay un poder vertical como puede estar al mismo nivel el vigilante de la torre compuesta por nosotros mismos que el vigilante que se sitúa en la torre burocrática o mercantil? He aquí nuestra propuesta, el ciberespacio sí dispondría de una estructura de poder, pero ese poder estaría compuesto de diferentes núcleos y tendrían diferentes metas. Así, el poder mercantil observará incesante las *cookies* de nuestros historiales para poder trazar herramientas de marketing ante las cuales nos sintamos esclavos, el poder burocrático obtendrá todos nuestros movimientos para trazar perfiles pre-delictivos de los cuales se valdrá para someternos a un control más estricto (Servera, 2014) y el poder comunitario (entendido como el compuesto por nosotros mismos) estará siempre alerta para, dependiendo de la concepción del vigilante de turno, castigar o premiar la conducta realizada por el preso (Ragnedda, 2011).

IMAGEN 2. "ROYAL PANOPTICON LEICESTER SQUARE" DE SHAKESPEARE MONKEY REPRODUCIDA SEGÚN LICENCIA CC.

La cuestión es pues, que sí somos capaces de entender una estructura de poder y control en el ciberespacio, pero que la misma no se atiene a los estándares tradicionales. Más allá de si hablamos de Internet como medio o como instrumento (Castells, 2001), lo que parece instaurarse en

esta nueva cibersociedad es un procedimiento jerárquico-
rizómico. Es decir, a través del rizoma en sí mismo, de
aquella estructura que contempla la equidad de poder
entre los individuos en la red, surge una línea definitoria
descendiente. Podríamos argumentar que en el espacio
rizomático habría en puridad una serie de actores
compuestos por los poderes burocráticos, mercantiles y
los cyborg Premium, que estarían constituidos por sujetos
con altísimos conocimientos informáticos, no importando
en este caso para la finalidad que los utilicen. Por tanto,
bajo esta cúpula del poder-control, se situaría el resto
de la comunidad, albergando tanto aquellos académicos
o estudiosos de los diferentes aspectos de la naturaleza
cibernética, como los cyborg de a pie que interactúan en
su hábitat de forma cotidiana.

IMAGEN 3. JERARQUÍA HÍBRIDA.

Así pues, diremos adiós a la supuesta libertad que se nos
instala en nuestra memoria *flash* y saludaremos a una
nueva sociedad que se mueve en un eterno dinamismo
entre el poder y el contrapoder, entre el control y la

anarquía, pero siempre bajo un hilo conductor que nos observa y nos saluda.

CONCEPCIÓN CYBORG

Si nos encontramos ante una nueva realidad social tan drástica ¿hemos de pensar que también nos encontramos ante un nuevo animal social? Esta concepción es la que algunos autores (Haraway, 1991; Pérez, 2016d) han ido sosteniendo en los últimos años. El ciberespacio nos ha transformado, como decíamos al inicio, ahora somos transhumanos (More & Vita, 2013), cyborgs (Haraway, 1991), seres dotados de capacidades especiales sin las cuales cuasi no sabemos subsistir. En tanto a esta premisa, es necesario el nuevo estudio del ser humano desde un prisma multifactorial. ¿Cuáles son ahora las metas vitales? ¿Qué postulados son los que se erigen ante esta nueva y globalizada ciberpoblación? ¿Qué forma de actuar tienen ante determinadas circunstancias el nuevo cyborg? Tenemos el compromiso de involucrarnos en una extensa investigación, en una nueva forma de ver el mundo, el cibermundo, desde el objetivo de las diferentes ciencias. Así lo está haciendo la Sociología (Waite, 2015), la Psicología (Navalles, 2006) o la Criminología (Pérez, 2016d) entre otros, pero aún falta mucho camino por recorrer a otras áreas de conocimiento como el Derecho o la Política.

Sin embargo, desde el prisma criminológico hemos de entender que el cyborg ha conseguido generar también una nueva fuente fenomenológica criminal. La cartografía clásica del crimen está sufriendo una ignominia por parte del cyborg que, mediante sus fluidos transhumanos de la urbe cibernética (More & Vita, 2013), logra instituir un palimpsesto en el que se instauran nuevas claves, nuevos factores de riesgo, nuevas oportunidades hasta ahora inexistentes. Esté código ágrafo de las conductas desviadas, este neotribalismo contemporáneo de la cibercriminalidad, está empezando a ser descifrado y es responsabilidad nuestra presentar los postulados desde los cuales se parten. El Dr. Jorge Ramiro Pérez Suarez (2016d), ha presentado recientemente una propuesta innovadora y atrevida, no solo ha generado una nueva teoría que podría explicar la criminalidad en el ciberespacio, sino que ha creado una nueva rama de estudio direccionada en específico al cyborg. Hablamos de la Criminología Cyborg (Pérez, 2016d), cuyos postulados versan sobre la instauración de una nueva corriente criminológica que considere el impacto de la tecnología digital en todas las facetas del comportamiento humano. Estudiando el vínculo MHT (Máquina-Humanidad-Tecnología) y considerando el impacto causado a través de la fusión antropológica, psicológica, filosófica, social, sexual y cultural en referencia a la relación con la máquina. En someras palabras, busca diseñar y probar nuevas teorías criminológicas relacionadas con el binomio cyborg-delito. Así pues, somos nosotros los criminólogos quienes tenemos la obligación moral de estudiar, en una labor cuasi antropológica, al nuevo ser cibernético y su manera de interactuar desde el prisma delictual y desviado.

REFLEXIONES FINALES

Llegamos a la conclusión, de que estamos en una nueva

era. Una era que no sabemos entender porque no disponemos aún de las herramientas necesarias para ello y donde apenas se están estableciendo los pilares de lo que otrora entendíamos como sociedad. Un nuevo mundo donde el poder y los intereses se hacen vigentes bajo una nueva estructura diversificada que aún no termina de cuajar y donde todos parecemos actuar desde un prisma u otro siendo a la par vigilantes y vigilados, agresores y víctimas, todo entendido desde un contexto puramente hipermoderno(Lipovetsky, 2014), pero que logra establecer un control sobre nuestra ciberconducta. Estamos ante la presencia del cyborg y su entorno natural y, debido a ello nos vemos obligados a estudiar una nueva realidad. Es, por ende, una invitación o solicitud de amistad lo que enviamos a través de este artículo, una propuesta a la comunidad científica. Hemos de comprobar empíricamente bajo que estructura se rige el cyborg ¿Será bajo el paradigma rizomático, panóptico o anómico en puridad? ¿Será un concepto híbrido donde en la parta alta de la tríada totémica se situará un régimen rizomático que dirigirá de alguna forma el poder jerárquicamente y desde un claro panoptismo al resto de agentes?

IDENTIDAD SUBROGADA
EN LA RED

Guillermo González. Subdirector de Criminología y Justicia.

"Scientists out in the desert creating black holes

But on The Kardashev Scale they're only a .7"

Greydon Square

INTRODUCCIÓN

Hace poco más de una década, las autoridades reconocieron la necesidad de enfocar sus recursos hacia la informática y las TIC a raíz de un boom de criminalidad informática (Yar, 2006). En el año dos mil quince, más de tres mil millones de personas tienen acceso a Internet.

A raíz de la expansión de Internet, la seguridad ha

adquirido nuevas semánticas. En relación al conflicto y al delito, los elementos usados para su desarrollo en el siglo XXI son diferentes a los utilizados siglos atrás. Las tecnologías de la información y la comunicación suponen la guerra de cuarta generación, substituyendo las tres generaciones anteriores, que incluían vehículos, armas de fuego, técnicas de guerrilla y demás características vinculadas a su vez a contextos históricos (Lind, Nightengale, Schmitt, Sutton y Wilson, 1989). Esta sofisticación conlleva riesgos y oportunidades; mientras las armas como una granada o un rifle de asalto están sujetos por lo general a controles y registros que dificultan su adquisición por el grueso de la población, los medios de comunicación y de información están al alcance de todos. En la actualidad, los conflictos armados involucran a una ciudadanía experta en la manipulación de las nuevas tecnologías para su beneficio o en detrimento de un enemigo.

ENTRA EL AGENTE MEJORADO

Las mejoras llevadas a cabo sobre efectivos de seguridad y militares guardan relación con dos objetivos:

- Físicos: mejora del rendimiento general mediante armamento más preciso y material de protección personal más liviano, resistente y sofisticado.

- Psicológicos: desarrollo de drogas de acción neurológica que mantenga el estado de alerta y anule la responsabilidad moral de sus usuarios. (Lin, Mehlman y Abney, 2013).

Ante la irrupción de máquinas de guerra no pilotadas y

el aumento del valor de los recursos humanos en los conflictos armados, parece lógico destinar recursos a la mejora del personal combatiente. Pero el uso de drogas y sustancias químicas ingeribles arroja dudas de salud, libertad personal y ética. Sobre los peligros de la dispensión drogas para uso militar ha habido casos diversos; desde la muerte por fuego amigo de soldados canadienses tras ser atacados por dos pilotos estadounidenses bajo la influencia del agotamiento y de anfetaminas prescritas por el propio ejército de los Estados Unidos (Buchanan, 2002).

La eugenesia con el objetivo de mejorar las cualidades humanas han sido tema de debate desde siglos atrás, con su mayor apogeo en el delirio nazi de la creación de un monstruo de Frankenstein superhumano. Sin embargo, la nueva eugenesia se asume desde una perspectiva que Agar (2004) define como versiones liberales de la eugenesia, perspectiva que exige un debate ante la inminente irrupción de la manipulación genética en los seres humanos (Hobbins, 2005).

Pero de todas las tecnologías en desarrollo (la mayoría por la agencia DARPA) para la mejora de sus efectivos militares, las más atractivas para la gestión del fenómeno delictivo son las siguientes:

- *Proxies*: la substitución de personal por vehículos dotados de interfaces que recreen patrones de razonamiento a través de aprendizaje automático. Los escenarios más plausibles tratan sobre robótica bípeda.

- Drogas relacionadas con la memoria: medicamentos

eficaces para el tratamiento del Trastorno de Estrés Pos-Traumático.

- Aprendizaje y planificación: las suites de algoritmos capaces de procesar grandes cantidades de datos en lapsos cortos de tiempo; los software cartográficos automáticos; la conexión de sistemas CCTV y de vehículos policiales con dichas suites tienen el potencial de asistir a los efectivos de seguridad pública y privada tanto en la toma de decisiones como en la distribución de sus recursos humanos y materiales. Algunas de las técnicas usadas en tecnología predictiva ya han demostrado su utilidad en la prevención y gestión del delito.

Los autores mencionados guardan sentimientos encontrados en la apertura de estas tecnologías al gran público. Agar (2004) pone de relieve la posible (y deseable) regularización de prácticas eugenésicas (esto es, la manipulación de embriones) beneficiosas para el desarrollo de familias saludables, tomando la participación del gobierno y del legislador como condiciones suficientes para asegurar que la manipulación genética se haga de una manera segura y responsable. Por otra parte, Lin et al. (2013), sin mencionar expresamente la expansión de tecnologías aumentativas a la población civil, destacan la inquietud que genera la modificación de personal militar que, en un futuro, volverán a la vida civil[1].

Mientras se definen las tecnologías destinadas a la mejora humana en el campo militar y en la seguridad, las nuevas

---

1. Must enhancements be reversible or temporary (considering that most warfighters will return to society as civilians)?

tecnologías usadas en la comisión de delitos clásicos son las que facilitan el anonimato, e incluso permiten diseñar una nueva identidad maleable.

MUERTE Y VIDA DE LA IDENTIDAD

Existen dos conceptos relacionados con la identidad que se diluyen en el ciberespacio: el primero, el conjunto de premisas y concepciones que desarrollamos en relación a nuestro entorno físico; el segundo, la inhibición de nuestra conducta en consonancia con los preceptos de control social formal e informal de ese mismo entorno físico. Esta dualidad conforma nuestra identidad individual y social (Miller y Arnold, 2009).

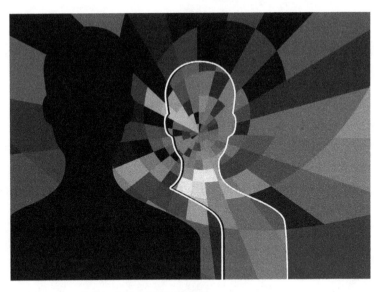

IMAGEN DE GERALT [PIXABAY.COM]

Los imperativos legales y morales en el ciberespacio no se pueden sostener fácilmente por la acción política, ni por leyes o normas vinculantes, puesto que sus límites no son físicos y no se puede detener ni ejercer presión sobre una identidad virtual por una cuestión pragmática y otra jurídica; a lo sumo, las fuerzas que ejercen control social formal (el legislador y las fuerzas de seguridad) pueden rastrear a la persona física (la única que puede responder penalmente, sin excluir las personas jurídicas, pero que obviamos en este texto) que se encuentra detrás de una identidad virtual, y actuar contra ella. Sin embargo, fuera del clúster los agentes legales, la actuación exclusiva contra una identidad virtual es un fenómeno completamente asentado; los ataques contra cuentas extremistas en redes sociales constituyen un ejercicio de vigilantismo dedicado a eliminar identidades virtuales, teniendo como ejemplo contemporáneo los esfuerzos del colectivo hacktivista *Anonymous* por diezmar la presencia de la organización terrorista *Estado Islámico* en la red.

El presente ejemplo es un ejercicio de transformación de la identidad y de la noción de identidad; la hidra *Anonymous*, a quienes no atribuimos rostro, ni venas, ni huesos, agrede con las TIC (o intenta) a otra criatura, *Estado Islámico*, cuyos simpatizantes utilizan las TIC para alcanzar una serie de objetivos de forma más eficaz (llegando más lejos y más deprisa) y más eficiente (ahorrando medios físicos y económicos) que si se limitaran al uso de herramientas analógicas.

El abrazo de una nueva identidad virtual ha supuesto tanto la adopción de ideas completamente nuevas para nuestro nuevo yo, como el afloramiento de impulsos e ideas que reprimimos y escondemos del escrutinio de nuestros vecinos. Resulta fácil relacionar esta nueva identidad humana dentro del ciberespacio con la idea de Foucault de que conceptos como la sexualidad o el delito son construcciones sociales. A través de las disciplinas clásicas y modernas como la psiquiatría, el derecho o la teología definimos la realidad: El derecho inventa y define el crimen; la psiquiatría crea y define la esquizofrenia; la teología crea y cataloga como pecado la homosexualidad...; y así sucesivamente.

	MUNDO REAL	CIBERESPACIO
RELACIONES SOCIALES	Tiempo y espacio real (relaciones sometidas a éste)	Comprensión espacio-temporal* (inmediatez) *David Harvey
NORMAS SOCIALES INFORMALES	Universal (rígido a corto plazo)	Local o específica (flexible a corto plazo)
NORMAS SOCIALES FORMALES	Institucional (rígido)	Anárquico (flexible)
IDENTIDAD	Identidas "espesa" (difícil de modificar)	Identidad "diluida" (fácil de modificar)

Las nociones creadas a partir del aprendizaje social son distintas en lo que llamamos mundo real de lo que entendemos por ciberespacio. De este modo, cuatro aspectos sufren cambios sustanciales:

• Relaciones sociales: regidas por los límites del espacio y del momento en el que nos relacionamos en el mundo real; ese mismo escenario de tuerce en el ciberespacio, otorgando inmediatez a nuestro comportamiento respecto a otros interlocutores.

- Normas sociales informales: Las definiciones de lo que es correcto y lo que no quedan sujetas a varios entornos en el mundo real, como el entorno demográfico y el cultural, entendiendo el entorno demográfico como el escrutinio al que nos someten nuestros vecinos; en el ciberespacio, las normas de comportamiento y la concepción de lo que está bien o mal se limitará a regiones locales de éste (foros, comunidades, chats, clanes).

- Nomas sociales formales: las políticas de control social formales son las que se regulan mediante leyes, estatutos y otros efectos legales, cuyas interpretaciones o posibles modificaciones irán también de acuerdo a la ley. La norma puede cambiar, pero esos cambios serán lentos, y dependerán de un sinfín de variables (debate político, burocracia, tempos legales); las normas formales en el ciberespacio dependerán de identidades específicas que solo podrán ejercer dicho control en los espacios controlados por cada una de ellas, sean servidores, webmasters, etc.

No hay que desdeñar que las estrategias de control social tanto en el mundo real como en internet van curiosamente a la par. La expansión de Internet ha coincidido con un período de renacimiento de la justica expresiva y punitiva, así como de la politización del delito (Garland, 2001)[i]. No es de extrañar que los primeros pasos por controlar las planicies del ciberespacio se reflejaran en el espejo de la realidad; de este modo, los métodos de control en Internet "castigan" a los infractores suspendiendo cuentas, cerrándolas, o desterrando a identidades fuera del espacio donde operaran. De este modo, desde los foros de música hasta los mercados negros en la red oculta poseen mecanismos para lidiar con identidades que no se ajusten a las normas del lugar siguiendo algunos parámetros de la justicia real.

- Identidad: La frontera primera y última en el proceso de re-culturización en el ciberespacio. La identidad es una compilación de características que puede construirse a lo largo del tiempo, a medida que se añaden nuevas características a esa identidad. Por lo tanto, el escrutinio o la observación serían importantes a la hora de definir la identidad de una persona, pero solo en cierto modo, puesto que una sola característica impersonal puede definir la identidad formal de una persona, como lo haría un número de identificación fiscal o de seguridad social (Abelson y Lessig, 1998; Marx, 2001).

A pesar de la posible aceptación de que un simple número de seguridad social puede servir como característica para otorgar una identidad, el autor cree que la identidad virtual es mucho más líquida que la definitiva por unos números específicos; la prueba se encuentra en la afirmación de que el escrutinio al que sometemos ciertas características humanas perceptibles a simple vista o bajo una observación superficial (raza, orientación sexual, aspecto físico), y que bajo una identidad virtual dejan de definirnos (Lucas, 2015). El momento en el que la identidad virtual adquiere el derecho a ser reconocida como identidad en sí llegará a través de sus acciones, puesto que no posee características físicas directamente observables. En relación a la percepción, la identidad virtual será percibida como tal en el momento en que terceros sean capaces de discriminar esa identidad de un ser humano externo real, y se otorguen nuevas cualidades humanas a esa identidad virtual a partir de las acciones que lleva a cabo.

Aunque las identidades artificiales no dejan de ser *proxies* de una identidad real, a menudo se llevan a cabo disociaciones entre ambas identidades, intentando crear así una nueva clase de persona incorpórea que toma prestada de su creador la capacidad de razonar y percibir, pero que desplegará en el ciberespacio un nuevo abanico de comportamientos; el tímido es extrovertido, la pareja fiel es exhibicionista, el razonable es extremista, etcétera. La creación del *ciber-yo* magnifica dos eventos:

- Burlar la barrera real de las normas formales e informales para operar en el campo de lo que consideramos actitudes dañosas y/o predatorias en la red.

- Incrementar el radio de efecto de nuestros actos gracias al uso de una extensión en forma de líneas de código de nuestra identidad real.

Las identidades *proxy* delincuentes tienen una característica en común y otra en algunos casos específicos:

- La primera y más amplia, la obtención del anonimato para la persona tras la identidad virtual. Según Kang, Brown y Kiesler (2013), el anonimato se obtendría anulando las siete dimensiones por las cuales se reconoce una identidad, que son las siguientes: nombre legal, localización, seudónimos o alias relacionados con el nombre legal o la localización, otros aliases que ofrezcan pistas sobre la identidad, patrones de conducta, pertenencia oficial a un grupo, e información o habilidades que ofrezcan características personales de la persona en concreto (Marx, 2001).

- La segunda, la eventual construcción de una nueva identidad a la que reconocer en la red con el fin de asociarla a actividades o afinidades concretas[2].

Es más que probable que la intención de llevar a cabo actos ilícitos en la red lleve aparejada la voluntad de crear una identidad proxy y, a su vez, ocultar el vínculo de dicha identidad virtual con la identidad real de su creador. La gente manipula sus IP y utiliza redes virtuales privadas para navegar por Internet sin ser detectada, no solo para cometer actividades ilícitas, sino para proteger su pubertad de acción, su integridad física y su integridad emocional en varias esferas (Kang et al., 2013).Es la liquidez de la identidad en el mundo de la ciberdelincuencia la que permite que ésta cambie (sea expulsada de un foro, intervenida por la policía, cerrada, hackeada, prohibida) tantas veces como quiera o deba; su reaparición y asociación con una identidad anterior dependerá de su dueño[3].

---

2. Pongo de relieve la figura de Ross Ulbricht y su identidad virtual Dread Pirate Roberts, a través de la cual operaba la archiconocida plataforma comercial online Silk Road, un mercado negro cuyas primeras ediciones funcionaban en la red TOR hasta ser intervenidas por el FBI.
3. Repitiendo el ejemplo, identidades virtuales nuevas pueden ser vinculadas a viejas identidades con más facilidad que en la vida real. Podemos decir de una nueva identidad virtual "es el

CONCLUSIONES: MANTENER UNIDO LO YA INDIVISIBLE

La lucha por el anonimato sigue siendo un pilar básico en la creación de una cultura de Internet, avalado en esencia por las Enmiendas Primera y Cuarta de la Constitución de los Estados Unidos, que regulan los límites que posee el estado para interferir en los quehaceres de la ciudadanía. Mientras tanto, el Artículo 18 de la Constitución Española; la Ley Orgánica de Regulación Del Tratamiento Automatizado De Los Datos De Carácter Personal (LORTAD); su heredera, la Ley De Protección De Datos De Carácter Personal (LOPD) y los Derechos de Acceso, Rectificación, Cancelación y Oposición (ARCO) parecen, además de tutelar jurídicamente la privacidad de los datos en la red, proteger a sus dueños.

Pero El anonimato en la red, la identidad líquida, se ve desde la ontología del delito como un fruto edénico con un lado corrompido. Es frente a ese saber que el discurso se parte en dos: la concesión "recomendable" de nuestra privacidad (rastrear, certificar el anonimato) en pos de proteger a víctimas potenciales; o la ampliación del campo de acción del legislador a la hora de hacer respetar leyes injustas o prácticas gubernamentales abusivas.

Ambos discursos tienen un punto en común: todo lo que delinque es rastreable, porque la capacidad y la voluntad para delinquir es exclusivamente humana. Y bajo ese concepto, la identidad virtual sigue siendo una mera extensión de una identidad humana, un *proxy* cuyo

antiguoDreadPirate Roberts", pero si alguien de nuestro entorno real cambia su nombre, nadie dirá "es el antiguo Ross Ulbricht".

responsable primero y último será la persona que se conecte a cualquier artilugio con navegación en Internet.

La justicia, finalmente, será siempre administrada contra seres humanos, y las identidades líquidas, el ser creado en la red, una mera extensión virtual de nosotros mismos, un aumento hacia otra realidad que permanece indivisible.

Si la persona desaparece, la identidad líquida se apaga también, con total independencia de lo que haya hecho.

Quizás y solo quizás, perviva su recuerdo.

PROBLEMAS DE LA ACELERACIÓN TECNOLÓGICA EN CRIMINOLOGÍA

Jose Servera. Director de Criminología y Justicia.

"*Giges era un pastor que servía al entonces rey de Lidia. Un día sobrevino una gran tormenta y un terremoto que rasgó la tierra y produjo un abismo en el lugar en que Giges llevaba el ganado a pastorear. Asombrado al ver esto, descendió al abismo y halló, entre otras maravillas que narran los mitos, un caballo de bronce, hueco y con ventanillas a través de las cuales divisó adentro un cadáver de tamaño más grande que el de un hombre, según parecía, y que no tenía nada excepto un anillo de oro en la mano. Giges le quitó el anillo y salió del abismo. Ahora bien, los pastores hacían su reunión habitual para dar al rey el informe mensual de lo concerniente a la hacienda, cuando llegó Giges llevando el anillo. Tras sentarse entre los demás, casualmente volvió el engaste del anillo hacia el interior de su mano. Al suceder esto se tornó invisible para los que estaban sentados allí, quienes se pusieron a hablar de él como si se hubiera ido. Giges se asombró, y luego, examinando el anillo, dio vuelta al engaste hacia afuera y tornó a hacerse visible. Al advertirlo, experimentó con el anillo para ver si tenía tal propiedad, y comprobó que así era: cuando giraba el engaste hacia adentro, su dueño se hacía invisible, y, cuando lo giraba hacia afuera, se hacía visible. En cuanto se hubo cerciorado de ello, maquinó el modo de formar parte de los que fueron a la residencia del rey como informantes; y una vez allí sedujo a la reina, y con ayuda de ella mató al rey y se apoderó del gobierno. Por consiguiente, si existiesen dos anillos de esa índole y se otorgara uno a un hombre justo y otro a uno injusto, según la opinión común no habría nadie tan íntegro que perseverara firmemente en la justicia y soportara el abstenerse de los bienes ajenos sin tocarlos, cuando podría tanto apoderarse impunemente de lo que quisiera del mercado, como, al entrar en las casas, acostarse con la mujer que prefiriera, y tanto matar a unos como librar de las cadenas a otros, según su voluntad, y hacer todo como si fuera igual a un dios entre los hombres. En esto el hombre justo no haría nada diferente del injusto, sino que ambos marcharían por el mismo camino. E incluso se diría que esto es una importante prueba de que nadie es justo voluntariamente, sino forzado."*

(II libro de *"La República"* de Platón)

La historia del anillo de Giges pertenece a uno de los

diálogos de *"La República"* de Platón. Historia puesta en boca del sofista Glaucón, la hipótesis que se plantea estriba en el hecho de que, en caso de que un hombre cuente con la garantía de quedar impune ante cualquier acción que realice, por muy inmoral o reprochable que esta sea, o por mucho que cuente con un sentido de la justicia, ejercerá siempre su voluntad incluso aunque esta produzca un dolo en otros.

La aceleración tecnológica presenciada en los últimos veinte años, sobretodo a raíz de la world wide web y la era de la información global, están permitiendo reproducir escenarios en los que esta situación se da, aunque sea parcialmente, y que contribuyen a conocer hasta qué punto esta afirmación del diálogo platónico es o no certera, y las conclusiones que podemos sacar de todo esto.

EL ANONIMATO

Por ejemplo, recientemente se han presentado diferentes aplicaciones móviles que permitían enviar mensajes con la garantía total de anonimato. Sobretodo la más reciente de ellas, *Yik Yak*, que permite que cualquier mensaje que postees en dicha red pueda ser leído por 500 personas que se encuentren en un radio cercano al tuyo y, claro está, cuenten con dicha aplicación, ha sido la que ha generado más problemas.

La aplicación, que estaba pensada más para estudiantes universitarios, empezó a tener mucha mayor difusión entre los menores de edad, lo cual dio lugar a buena cantidad de mensajes obscenos e intimidatorios, actitudes de bullying e incluso amenazas de bomba, que llevó incluso a los autores de la aplicación a desactivar su uso en algunas ciudades temporalmente, como por ejemplo en el caso de Chicago. Si bien en los casos en los que había indicios de delito estos se persiguieron, lo que me interesa exponer es que se trata de un caso práctico perfecto de ese escenario que se presenta en el diálogo del anillo de Giges.

Sin embargo, ¿es realmente cierto que ese anonimato provoca siempre consecuencias nefastas y, aún más, una ausencia total de justicia?

Para mostrar esta contrapartida, he considerado adecuado detenerme en el caso de *Silk Road*, el conocido como *"Ebay de las drogas"*, que se lanzó a principios del año 2011. Para ello haré mención de dos estudios recientes presentados por Marie Claire Van Hout y Tim Bingham en la revista *"International Journal of Drug Policy"* (volúmenes 24 y 25) donde analizan las experiencias de los usuarios dentro de esta plataforma.

Para que os hagáis una idea de la magnitud de lo que fue *Silk Road*, web cerrada a finales de 2013, algunas cifras que dan buena cuenta de su éxito (Christin, 2012):

- Ventas mensuales estimadas en 1.9 millones de dólares.
- 200.000 usuarios registrados.
- 200.000 posts en sus foros.
- 24.400 productos en venta relacionados con drogas.
- Tipos de drogas: cannabis, cocaina, MDMA, ketamina, heroina, LSD...

Silk Road tan solo era accesible a través de *Tor*, software que dificulta el rastreo de tu IP enviando a tres servidores aleatorios diferentes tus datos antes de que estos se transmitan a la página web que deseas visitar. Si quieres tener una navegación mínimamente privada, ya estás tardando demasiado en usar esta red. A ello se une que el proceso de compra se hace exclusivamente con Bitcoins, lo cual da un grado de anonimato todavía mayor (permite que se realicen transacciones globales sin que se siga el rastro del dinero), siempre con las consiguientes precauciones necesarias para efectuar una transacción de este tipo.

¿Qué es lo que resultaba tan atractivo a los compradores para que *Silk Road* se haya convertido, hasta ahora, en el mayor mercado de drogas online?

Algunas de las valoraciones de los consumidores eran:

1. El sistema de transacción.
2. La variedad de productos anunciados.
3. Los foros en los que se compartía información en torno al consumo de drogas.
4. Puntuación de los usuarios a los vendedores, lo cual ayudaba en la elección de productos de buena calidad.
5. La resolución de disputas en caso de conflicto (al estilo Paypal).
6. Las drogas son más baratas.
7. Mayor calidad en las drogas (Mala calidad de drogas de su zona).
8. Posibilidad de obtener drogas que no se venden en su localidad.
9. Todas las compras le han llegado correctamente.

10. No han tenido problemas judiciales.
11. Perciben más seguridad que comprando en la calle.
12. No tienen la sensación de estar haciendo algo malo.

Por una parte nos encontramos con que la garantía de anonimato de *Silk Road* facilita el tráfico de drogas a nivel global. Sin embargo, si tenemos en cuenta que el bien jurídico protegido cuando se sanciona el tráfico de drogas es la salud pública, ¿Se podría decir que *Silk Road* contribuye en realidad a minimizar el daño que produce el consumo de drogas en las personas?¿O por el contrario la facilitación a la hora de obtener la droga produce un efecto claramente perjudicial? Podría parecer obvio que la respuesta correcta es la segunda, pero ahondemos un poco más en ello.

En el estudio presentado, una de las valoraciones en las que se hace mayor énfasis es precisamente el elevado nivel de actividad que se daba en los foros: reseñas de productos y vendedores, feedback sobre los envíos (si se hicieron correctamente o no), tutoriales, guías completas sobre consumo de drogas, información para reducir el posible daño que pueda producir una droga. Incluso existían foros en el mismo espacio en los que se ofrecía toda la ayuda necesaria a aquéllos que tuvieran el deseo de dejar de consumir drogas. En definitiva, una cantidad considerable de información valiosa que contribuye a que el daño a la salud pública se vea ostensiblemente reducido. El consumo se lleva a cabo de forma más controlada por parte del comprador.

A la vez, y a falta de estudios que ratifiquen la hipótesis, cabe considerar incluso la posibilidad de que este proceso de compraventa anónimo ayude a reducir el riesgo de violencia callejera fruto de conflictos territoriales entre vendedores de droga.

En cualquier caso, un espacio que a priori debiéramos considerar un perjuicio y un atentado a un bien jurídico protegido quizá esté contribuyendo más que otras medidas disuasorias-punitivas hasta ahora ineficaces en la reducción del daño provocado por el consumo de drogas. El anonimato de Giges adquiere aquí un valor positivo y diría más, solidario en tanto se genera toda una comunidad que informa en torno a las precauciones necesarias en el consumo y compra de droga.

TODO VA A SER VIGILADO

POR LOS GOBIERNOS

En contrapartida al anonimato que mencionábamos anteriormente, varias voces de activistas han empezado a denunciar lo contrario: la posibilidad de navegar anónimamente en la red va a ser cada vez más difícil. Según palabras recientes de Julian Assange: *"La capacidad de vigilar a todos en el planeta está casi aquí y, sin duda, estará presente en el próximo par de años"* (CNN, 2014)

Y ciertamente, es lógico que nos hagan saltar las alarmas tras revelarse casos como el espionaje masivo denunciado por Edward Snowden en junio de 2013, haciendo públicos los programas de vigilancia masiva de telecomunicaciones *PRISM* y *XKEYSCORE* de la NSA.

El escándalo da buena cuenta de hasta qué punto el

secreto de nuestras comunicaciones está puesto en duda. A día de hoy, si no tomas precauciones que por otra parte no deberían ser necesarias dado que los sistemas jurídicos de la mayor parte de los países supuestamente nos protegen, todos tus datos de navegación están expuestos. Sin embargo, parece existir cierta condescencia (con excepción de países como Alemania o Brasil, quienes sí levantaron la voz), por lo menos en Europa, sobre el despotismo del gobierno de los Estados Unidos, que a costa de su neurosis con la seguridad nacional es capaz de pisotear y faltar sin consecuencia alguna los derechos del resto de países. Quizá los gobiernos europeos también tienen el deseo (si no lo están llevando ya a cabo) de controlar todo cuanto sucede en la red, y de ahí su silencio.

Sea como fuere, los métodos de control ciudadano van a ser cada vez más eficaces, y con ello, supuestamente la incidencia en la reducción de la delincuencia también. ¿O en realidad no tanto?

El experto en tecnología Enrique Dans discrepaba en un artículo reciente (Dans, 2014):

"¿Por qué? Porque además de ser contrario a los derechos fundamentales, no sirve absolutamente para nada. Las políticas de retención de datos generan volúmenes de información demasiado grandes como para resultar útiles, y no contribuyen a una mayor seguridad, sino simplemente a que aquellos que pretenden llevar a cabo acciones contra la misma utilicen otros canales alternativos, y se termine por generar un desproporcionado almacén de los usos y costumbres de ciudadanos que no hacían absolutamente nada malo. De la teórica protección y la supuesta seguridad, a un absolutamente

injustificable Gran Hermano gubernamental. De la misma
manera que no sería lógico pensar que alguien nos siguiese
a todas partes y espiase nuestros movimientos cuando nos
movemos por la calle, no lo era que lo hiciesen cuando nos
movíamos por la red."

El almacenamiento de datos por sí solo no contribuye
necesariamente a más seguridad si no hay mecanismos
que permitan tratar esos datos de manera efectiva. Por
otra parte, lo que comenta Enrique Dans es precisamente
lo que sucedía en Silk Road. Aquél que quería traficar con
droga en dicha página tan solo tenía que tomar ciertas
precauciones para reducir al mínimo posible su rastro, y
evitar así cualquier represalia. Así, lo único que se estaría
haciendo es precisamente vigilar a los ciudadanos que en
realidad no han hecho nada y que navegan sin ningún
temor porque no han hecho nada. En definitiva, se atenta
a los derechos de muchos por la persecución de unos
pocos.

POR LOS CIUDADANOS

En 2003, Thomas J. Cowper y Michael E. Buerger
publicaban un informe para el F.B.I en el que analizaban
a fondo las posibilidades que podía ofrecer la realidad
aumentada para uso policial. En el mismo llegan a
presentar hasta 22 posibles propuestas para hacer más
eficaz la labor de los cuerpos y fuerzas de seguridad del
estado. Algunas de las propuestas fueron por ejemplo:

Patrullando. Reconocimiento facial, de huella dactilar y
otros datos biométricos de criminales con antecedentes
que permitan su identificación de manera instantánea.

Capacidad para proveer al investigador del reconocimiento de voz sobre criminales con antecedentes penales.

Monitorización en tiempo real de las actividades de patrullaje a través del uso de vídeo y audio en las mismas calles.

Uso de mapas tridimensionales completos con planos de construcción, alcantarillado, rutas de transporte público, etc, que permitan dar una respuesta mucho más eficaz y pragmática a cada caso particular, e incluso faciliten la labor de patrullaje.

Diez años después, este informe cobra cada vez más relevancia, y sus propuestas son cada vez más viables por una sencilla razón: el inminente lanzamiento de las gafas de realidad aumentada por parte *Google* y otras compañías que también están trabajando en proyectos similares, provocará que en pocos años el coste del uso de esta tecnología se reduzca ostensiblemente. Actualmente las gafas de *Google* ya se han empezado a distribuir a un precio de 1.500 dólares, que ya de por sí es una cifra muy inferior a la que hubiera hecho falta hace diez años. Algunos móviles de gama alta ya permitían el uso de realidad aumentada, pero la practicidad no es tan buena como lo será este producto específicamente pensado para ello.

Por una parte, resulta evidente que la proyección de la realidad aumentada para efectos policiales puede ser muy beneficiosa. Sin embargo, como contrapartida, la instauración generalizada entre los usuarios resulta ser un arma de doble filo. Si con la eclosión de los smartphones las fotografías han sido el gran referente, las gafas de realidad aumentada introducen como elemento destacado la videograbación (si bien los primeros modelos de *Google Glass* dificultan realizar videograbaciones largas debido al elevado consumo de su batería). Si hasta ahora cualquier cosa era fotografiada, a partir de ahora el fenómeno en auge va ser la videograbación. La proyección que han tenido aplicaciones móviles como *Vine*, consistente en la publicación de vídeos de muy corta duración, es un buen indicador de lo que está por venir.

Al mismo tiempo, el desarrollo en el reconocimiento facial tanto de *Facebook* como de otras empresas empieza a alcanzar cotas que rozan la perfección. Según el último informe de Facebook sobre *DeepFace*, el sistema de reconocimiento facial que utilizan, su precisión alcanza ya el 97,25% de efectividad, tan solo unas décimas por debajo del ojo humano. Así, es el propio ciudadano el que se convierte, más que nunca, en el nuevo *Gran Hermano*. Todo es susceptible de ser registrado visualmente con tal facilidad, y a la vez las tecnologías de reconocimiento empiezan a ser tan sofisticadas, que por mucho que procuremos evitarlo, todo el mundo sabrá dónde estás, con quién estás y qué haces en cada momento de tu vida. Y además, quedará registrado de por vida. Por mucho que te empeñes en denunciar el derecho al olvido en internet, y que esté jurídicamente protegido, si algo alcanza cierta viralidad en la red es muy difícil eliminarlo por completo: siempre habrá una copia guardada en algún ordenador lista para ser difundida. Y aunque esta fuera borrada por completo, estamos hablando de vídeos que se difunden en cuestión de horas, y que en un periodo muy breve de tiempo son capaces de alcanzar millones de visitas, velocidad imposible de manejar jurídicamente.

IMAGEN DE VALTTERI MÄKI [FLICKR.COM]

Un ejemplo paradigmático de esta situación es el caso *Technoviking*. En el año 2000 el artista Matthias Fritsch grabó un video en el marco del festival FuckParade en el que aparecía esta figura que hasta ahora permanece anónima. Sin embargo no fue hasta el año 2007 que este vikingo amante del techno empezó a hacerse famoso gracias a la viralidad que le proporcionó Youtube. Fruto de ello, el video llegó a recibir más de 16 millones de visitas, y se han realizado más de 700 réplicas y videos relacionados con este fenómeno (en las dos acepciones de la palabra, la kantiana y como modo de calificar a *Technoviking*).

Hace poco más de tres años, Matthias recibió una denuncia por parte del abogado de TV obligándole a la retirada de dicho contenido, cosa que hizo, así como el pago de una indemnización por 8000 euros. Sin embargo, es imposible retirar la cantidad de videos que se han publicado.

Imágenes como las expuestas probablemente hayan provocado un perjuicio evidente sobre estas persona, a pesar de que su caso pueda no ser tan graves vistos a priori. Sin embargo, del mismo modo se da la difusión de videos con contenido sexual explícito sin consentimiento del afectado (en España tuvimos un caso bastante sonado hace poco con una política que por otro lado luego se ha acabado aprovechando de ese acontecimiento para obtener fama y no poco dinero), o directamente de vejaciones sobre una persona.

AVANCES TECNOLÓGICOS DE DOBLE FILO

Uno de los grandes problemas con los que se enfrentan las jurisdicciones de cualquier estado es que, ante un avance tecnológico de cierta importancia, tiende a darse generalmente cierta ausencia normativa o vacío legal, o bien la normativa que se implanta no es lo suficientemente buena debido al escaso conocimiento que existe sobre su potencial uso.

IMAGEN DE SKEEZE [PIXABAY.COM]

Uno de los ejemplos más vigentes gira en torno al uso de los drones. No fue hasta el año 2011 que la Organización de Aviación Civil Internacional equiparó los drones con aeronaves tripuladas, pero hasta entonces su uso podía realizarse de manera libre.

Y aunque no ha sido hasta ahora que hemos empezado a escuchar hablar de este sector en su plano más comercial, las fuerzas militares estadounidenses llevan familiarizadas con este sector desde 2001.

En 2001, las fuerzas militares estadounidenses contaban con apenas 50 drones. A fecha de 2012 eran ya 7.500. Pero lo más preocupante de todo es que su uso no se ha remitido exclusivamente a la vigilancia. Los drones han resultado ser armas mortales tremendamente eficaces, capaz de abatir a alguien sin riesgo de sufrir ataque alguno. The Bureau of Investigative Journalism lleva ya un tiempo denunciando lo que ellos llaman la *"Guerra de los Drones"*.

Solo en la guerra de Estados Unidos con Pakistán, 2.534 personas han sido abatidas por drones en los últimos 10 años por parte de los militares de Estados Unidos, 168 de las cuales eran niños. 2010 (curiosamente el año anterior al inicio del marco regulatorio del dron) fue el año que concentró más muertes por dron: 874. Resulta curioso que el Departamento de Justicia de Estados Unidos haya negado el uso de dichos aparatos como instrumentos armados a la vez que anunció que desde 2004 se gastó casi 4 millones de dólares en ello ¿Solo para vigilar?

Es cuestión de tiempo que los drones empiecen a ser utilizados de manera generalizada dentro de los cuerpos policiales, y ello entraña un peligro: si no hay un análisis previo sobre las ventajas y los riesgos que el uso de estos elementos pueden producir en la prevención de la criminalidad, las consecuencias pueden ser nefastas.

LA CRIMINALIZACIÓN DE LA LIBERTAD DE EXPRESIÓN

Hace unas semanas asistimos en España a un rocambolesco episodio en el que la presidenta de la diputación de León Isabel Carrasco, fue asesinada a tiros en plena calle.

En España vivimos desde el inicio de la crisis en constante indignación con nuestros políticos. Los múltiples casos de corrupción que se han descubierto estos últimos años han llevado a una falta de confianza generalizada en nuestras instituciones.

Y en parte como reflejo de eso, fueron no pocos los comentarios desagradables que se virtieron en la red en torno a la muerte de Isabel Carrasco. Fueron muchos los que sintieron poca o ninguna pena por lo sucedido, amén de la aparición de informaciones en las que no se hablaba precisamente bien de su figura (llegó a ostentar 13 cargos políticos en el año 2010, cobrando cerca de 150.000 euros).

Tras los continuos mensajes de desprecio a la figura de Isabel y de los políticos, el ministro de interior Jorge Fernandez Díaz anunciaba que *"iban a limpiar las redes sociales de indeseables"*.

Dicho y hecho, un jóven de 19 años era el primero en pagar los platos rotos y era detenido por los siguientes comentarios:

"Ara sols falta que maten a Rajoy, a Soraya Saez de Santa Maria, a Aguirre, a Aznar, a Fabra, a Paqito Camps, a Rita Barberà, a Cospedal..."

"Que m'els posen en fila un al costat d l'altre i que em donen un AK-47 qe voràs tu com acabe amb tots eixos fills de putes feixistes d merda"

Por estos deplorables comentarios se le imputa un delito de apología del asesinato que conlleva una pena de entre 7 y 10 años de cárcel.

No tardaron en aparecer voces criticando lo absurdo de la situación, tanto por la ineficacia de una medida como ésta (un detenido entre los miles de comentarios vertidos), como por el doble rasero con el que desde el gobierno se persiguen este tipo de conductas.

Como ejemplo, en diferentes medios de comunicación aparecieron comentarios degradantes vertidos en Twitter en torno a Catalunya. La cuenta de Twitter "Despertem el poble" ha retuiteado más de 6.000 comentarios que se encuentran al mismo nivel que los mencionados:

> Q asco de catalanes socio! No os pongan la eta una bomba y rebenteiis! Hijosdeputa.
>
> — Poo er Mulii ♣ (@El_Mulii) junio 3, 2014
>
> @Puta_Espanya ojala te cojiera hijo de puta #VivaEspaña #VivaElRey si franco levantara cabeza el 76 % de los catalanes estariais muertos
>
> — Viva España♥ (@BorjaOrtaTete) Mayo 23, 2014
>
> CATALANES DE MIERDAS HIJOS DE PUTA SILVANDO EL HIMNO NO VAIS A DEJAR DE SER E S P A Ñ O L E S. ASI OS CAIGA UNA BOMBA, CUCARACHAS.
>
> — Mario Rúa (@mariorua3) abril 16, 2014
>
> Yo a los putos catalanes hijos de puta les ponia una bomba, o mejor les ponia la valla de melilla, para que se mueran ahi todos #HalaMadrid
>
> — ~Gahete~ (@RafaGahete15) marzo 23, 2014

Lo mostrado anteriormente es solo un pequeño ejemplo de lo que se ha llegado a decir en los últimos meses, sobretodo a raíz de la convocatoria en Catalunya de una consulta por la independencia. ¿Por qué el ministro del interior no hizo en su momento una *"limpieza de redes sociales"* y ahora sí?

A la vez que se produjo esta detención, desde el gobierno se abogaba por la necesidad de una ley restrictiva sobre las redes sociales.

Recientemente Jan Malinowski, jefe de la sociedad de la información del Consejo de Europa, hacía unas acertadas declaraciones en las que criticaba dicha propuesta:

> *"Las leyes hay que hacerlas de forma ecuánime para que duren, y no de manera reactiva. Hay que educar a la gente y si hay actividad criminal hay que combatirla. Las leyes existen y hay que aplicarlas. Ahora bien, un comentario, que podría ser vejatorio o podría parecer que llama a una conducta criminal, a lo mejor no es criminal en sí mismo. La cuestión ahí es: ¿acaso es suficiente para provocar la acción criminal? A veces es un comentario estúpido de una persona en un momento dado y que no tiene más trascendencia."*

Una hipotética ley que restrinja las redes sociales solo tiene un perjudicado: el ciudadano que desea ejercer libremente su libertad de expresión. No existe razón alguna por la que una ley así tenga sentido:

1. El código penal ya persigue la actividad criminal independientemente de dónde se produzca.
2. Se trataría de una ley completamente ineficaz ¿Hay espacio en la cárcel para todos los que vierten comentarios similares cada día en la red? ¿Y los juzgados, serían capaces de tramitar tantos expedientes?

3. No es lo mismo una conducta reprochable que una conducta criminal.

4. Sería discriminativa. Como en el caso que hemos presentado, la imposibilidad de perseguir toda la marabunda de comentarios daría lugar a detenciones y persecuciones con un carácter meramente simbólico y muy selectivo, obedeciendo más a intereses políticos que a una efectiva acción que disminuya este tipo de comentarios.

Los comentarios despreciativos o *"troll"* no deben perseguirse penalmente si estos no constituyen un delito. Lo que emana no es más que el reflejo de una sociedad, pero ese cambio solo es facticamente realizable desde la educación ciudadana. Lo que se escucha en las redes sociales no es más que lo que se ha venido escuchando toda la vida en calles y bares, medios de comunicación que fomentan el odio, y como no puede ser de otro modo, partidos políticos. Cambia el escenario y la difusión, pero no la conducta.

Los gobernantes han estado muy malacostumbrados a la unidireccionalidad de su discurso y por ello esta libertad de expresión les incomoda. Que la muerte de una figura política no sea considerada una desgracia para un sector amplio de la población es un síntoma más de una realidad en la que el problema que emana de ello no es la existencia de una conducta criminal, sino la de un hartazgo absoluto de los ciudadanos con las instituciones públicas.

A MODO DE CONCLUSIÓN

No son pocos y además mayúsculos los retos que supone

la aceleración tecnológica y su incidencia en la criminalidad. No se puede hablar, a día de hoy, de solución fácil a ninguno de los problemas presentados anteriormente, pero no por ello se deben adoptar medidas precipitadas. Por ello, no me veo capaz de sacar grandes conclusiones o valoraciones sobre las medidas más oportunas a adoptar. Lo que sí creo que se va a ver es que el punitivismo resultará cada vez más ineficaz. Veremos si el tiempo me da la razón.

*Este artículo es fruto de la conferencia impartida en el Congreso Internacional de Criminología del Colegio Libre de Estudios Universitarios de México (CLEU), que llevó el título *"Problemas y oportunidades de la aceleración tecnológica en criminología"*, y se presentó el día 23 de mayo de 2014 en Boca del Río, Veracruz.

LA AUTOPRODUCCIÓN DE ARMAS DE FUEGO CON LA TECNOLOGÍA DE IMPRESIÓN EN 3D

Carla Pérez. Graduada en Criminología por la Universidad de Valencia.

"La mejor manera de predecir el futuro,

es creándolo."

Abraham Lincoln.

"Click. Imprimir. Arma."

Con el vertiginoso avance de las tecnologías del último siglo del que estamos siendo testigos, y por increíble y futurista que pueda parecer, la tecnología de impresión 3D ha superado con creces a la ciencia ficción, ya que a día de hoy esta tecnología hace posible fabricar casi cualquier objeto físico con tan solo pulsar una tecla, transformando un diseño o un modelo digital en una realidad tangible formada por plástico.

Resulta colosal la cantidad de posibilidades que la impresión 3D ofrece y el alcance que esta tecnología puede tener, naciendo así todo un abanico de opciones dentro del ámbito de la imprenta. En relativamente poco tiempo, cualquier persona con acceso a una impresora 3D podrá adquirir el diseño de manera online de una taza o un muñeco, descargarlo e imprimir un objeto actual al más puro 'state-of-the-art'. Una de las posibilidades más prometedoras dentro esta tecnología es la conocida como bioprinting, o impresión de partes del cuerpo humano. Ésta se basa en la fabricación de órganos y tejidos a partir de un modelo tridimensional dentro de un entorno estéril en el que se suministran células humanas a un hidrogel que realiza la función de soporte matriz. De esta manera, el acceso a la nueva medicina regenerativa se hace posible, pudiendo imprimir desde cartílagos, células del hígado, exo-esqueletos y riñones artificiales.

Ahora bien, en la otra cara de la moneda impresa, ¿sería usted capaz de creer que existe la posibilidad de imprimir un arma? De ser esto posible, ¿sería usted a su vez capaz de imaginar que existen personas dispuestas a bajarse de Internet los planos de fabricación de dicha arma, potencialmente mortal, para poder imprimirla en casa?

Los datos hablan por nosotros: más de 100.000 personas ya lo han hecho.

En el año 2012, Cody R. Wilson, estudiante americano de Derecho en la Universidad de Texas, autodenominado libertario radical y anarquista de 25 años, creó la primera pistola hecha con una máquina de impresión en 3D. Esta pistola es actualmente conocida como "El Liberador" (del inglés, *"The Liberator"*), en irónico homenaje a las sencillas pistolas de bajo coste y de un solo disparo diseñadas durante la Segunda Guerra Mundial por los Aliados para ser lanzadas desde el aire sobre Francia en plena ocupación nazi. De las 16 piezas que componen este arma, 15 son de plástico ensamblado y creado por una impresora de segunda mano de 8.000 dólares (aproximadamente unos 7.500 euros): la Stratasys Dimension SST 3D, máquina que establece hilos de polímero fundido que se suman por capas con precisión en forma de objetos sólidos con la misma facilidad que una impresora tradicional pone tinta sobre una página. La única pieza que no es impresa es un clavo de ferretería común que es utilizado como el percutor de la pistola. Esta pieza adicional hace que se convierta en un arma visible a detectores de metales y que cumpla con las leyes en EEUU (amparándose en la Ley de Armas de Fuego Indetectables de 1988, cuya actualización está pendiente de renovación).

FOTOGRAFÍA DE KABOOMPIC [PIXABAY.COM]

La impresión en 3D funciona de la siguiente manera: primero, por medio de un software específico se crea un diseño asistido por ordenador o un archivo CAD (en inglés conocido como *computer-aided design* o diseño asistido por computadora) del objeto físico que se desea obtener; segundo, se genera un diseño tridimensional de tipo CAD y ese archivo se envía a una impresora 3D; tercero, contando con el material adecuado, la impresora construye el objeto partiendo del archivo CAD comenzando por la base y aplicándolo en una serie de capas. Al final del proceso, nace un objeto impreso en 3D: tu propia arma auto-fabricada, una Liberator que dispara balas del calibre .380 auto.

Estas armas de plástico no son equiparables al 100% con la capacidad de fuego de un arma de metal y sin embargo son capaces de producir heridas y, técnicamente, hasta la muerte de una persona. Muchos escépticos de la fabricación de armas han afirmado que ninguna pistola de plástico podría nunca soportar la presión y el calor de la detonación de un cartucho de munición sin deformar o explotar el arma. Pero el diseño creado por la empresa de Wilson, Defense Distributed, ha hecho justamente eso.

Incluso el propio Wilson asegura no saber cómo es posible. Pero un truco importante podría ser un paso añadido en la fabricación del arma: introducir el cañón de la pistola en un frasco de acetona vaporizada dentro de una olla con agua caliente, un proceso que de forma ligera derrite químicamente su superficie y suaviza el orifico para evitar su fricción. A pesar de que el cañón se deforme después de disparar, la empresa de Wilson ha diseñado cañones extraíbles que pueden ser intercambiados en cuestión de segundos.

Además, Wilson ha creado compartimentos de municiones 3D imprimibles de 30 cartuchos para los rifles AR-15 y AK-47. De esta manera, cualquier persona que pueda imprimir en 3D puede ordenar el resto de piezas del arma por correo y así "bordear" las leyes de armas.

No satisfecho con haber hecho todo lo anterior, el 5 de mayo de 2013 Wilson, en un afán libertario y de "anarquista de mercado", decidió subir a Internet a través de la página web de su empresa Defense Distributed los planos digitales de la también conocida como *Wiki Weapon* o "arma fantasma" para que pudieran ser descargados por cualquier persona, en cualquier parte del mundo. El resultado: más de 100.000 descargas antes de que el Gobierno norteamericano pudiera bloquear la página.

Tal acción trajo consigo el descontento del Gobierno de EEUU, el cual consideró que hacer públicos estos planos era asimilable al tráfico internacional de armas y que la empresa Defense Distributed no había pedido los permisos necesarios para su venta. Y el tío Sam aun no descansa tranquilo: a día de hoy, el modelo de la pistola de Wilson todavía puede descargarse a través de Internet. En cuestión de apenas unas horas, la polémica sobre la indetectabilidad y el anonimato del arma creció de forma vertiginosa, ya que aquí nacía la posibilidad de imprimirla sin incluir la pieza de metal que la hace visible ante los detectores de metales y que la convierte en un arma prohibida e ilegal.

Para dificultar que esto suceda, estados como el de California han aprobado ya un proyecto de ley (el Proyecto de Ley SB-808) mediante el que se pretende actualizar la legislación de armas de fuego y asegurar de que éstas estén sujetas a la misma legislación que el resto de armas, convirtiéndolas en ilegales si no han sido registradas debidamente en el Departamento de Justicia.

El impulsor de este proyecto de ley, el senador estatal Kevin de León, expuso lo siguiente: "Para construir armas personales al mismo nivel que el resto de los propietarios -que tienen que mostrar una verificación de antecedentes penales y el arma debe llevar un número de serie que se comunique al Departamento de Justicia para estar registrada junto a la identidad del propietario-, cualquier pistola o arma de fuego impresa 3D debería incluir componentes metálicos permanentes que no puedan ser separados de ellas y que deben poder ser detectables como exige la ley. Así, las armas impresas en 3D deberían tener número de serie para poder ser registradas y convertirse en armas legales".

En países como Venezuela, donde el Gobierno ha prohibido la venta absoluta de armas de fuego para la población civil, la posibilidad de que un arma de plástico se encuentre al alcance de cualquier persona en el mundo con una impresora en 3D, fuera de la regulación legal de armas, sin número de registro y que puede ser ensamblada en cualquier lugar y momento, sin duda constituye un auténtico peligro para la seguridad nacional. Además, añadiendo la posibilidad de no ser detectadas en aeropuertos ni rastreadas al no disponer de un número de serie, hace más que evidente la magnitud de estos hechos, teniendo presente que es una tecnología pionera en la actualidad, pero ante la cual no resulta difícil imaginar lo accesible que puede llegar a convertirse en el futuro próximo.

Siguiendo la filosofía de Sun Tzu: "Conoce a tu enemigo y conócete a ti mismo, y saldrás triunfador en mil batallas". Con este pensamiento en mente, países como Reino Unido, donde la compra de armas por parte de civiles ya es de por sí limitada, han decidido hacer frente a la creciente preocupación pública acerca de las armas de plástico de una manera alternativa. En el año 2013, el Ministerio del Interior británico dispuso encomendar a los investigadores del Centro de Ciencia Aplicada y Tecnología (CAST), que asesora al Gobierno del Reino

Unido en cuestiones científicas relacionadas con la prevención del delito, que imprimieran en 3D al menos una pistola para poder considerar qué grado de amenaza puede llegar a suponer esta tecnología.

El CAST utilizó una impresora 3D para fabricar un arma basándose en los planos que circulan libremente por Internet, aunque no han querido confirmar que fueran los producidos por la empresa Defense Distributed, con el resultado de que el arma falló al intentar dispararla. Finalmente, en 2014 el Ministerio del Interior británico consideró pertinente actualizar su reglamento de armas de fuego, dejando claro y citando expresamente en su normativa que es ilegal fabricar, vender, comprar y poseer armas de fuego imprimidas con tecnología de 3D sin la autoridad del Ministro del Interior, en virtud de la Ley de Armas de Fuego 1968.

De esta manera, actualmente la Guía de la Ley de la Licencia de Armas de Fuego actualizada por el Ministerio del Interior británico establece en su Sección 3.26 lo siguiente: *"Las armas impresas en 3D son armas con cañón potencialmente letales y deben ser consideradas como tales en la legislación. El método de fabricación no es significativo a esta consideración".* La medida sancionadora correspondiente a la impresión 3D sin licencia de armas es una sanción de hasta 10 años de prisión. Para hacer frente a esta tecnología, el Servicio Nacional de Inteligencia Balística (NBIS), que realiza análisis forenses sobre armas de fuego en el Reino Unido, ha impreso y disparado con éxito armas con tecnología en 3D y, asimismo, ha fabricado un escáner que funciona en la utilización de ondas de radio las cuales permiten identificar la figura de una pistola, tanto de plástico como de metal, oculta debajo de cualquier atuendo.

Analizando la situación en España, la tecnología de impresión en 3D imprime un futuro bajo un horizonte legal inexplorado y, a día de hoy, repleto de un sinfín de consecuencias jurídicas. A raíz de esto, surgen infinidad de cuestiones que por su impacto social, económico, político y ambiental, deben ser tenidas en cuenta, entre las cuales se hallan cuestiones jurídicas conflictivas relacionadas con el ámbito de la propiedad intelectual y de la propiedad industrial.

Así pues, el primer punto jurídico vital a tener en cuenta es: ¿qué es considerado por nuestra legislación como un arma? Tal y como está dispuesto en el vigente Reglamento de Armas aprobado por el Real Decreto 137/93, de 29 de enero, y modificado por el Real Decreto 976/2011, de 8 de julio en su artículo 2 se entenderá por arma de fuego "toda arma portátil que tenga cañón y que lance, esté concebida para lanzar o pueda transformarse fácilmente para lanzar un perdigón, bala o proyectil por la acción de un combustible propulsor".

Partimos de la base de que el artículo 149.26ª de nuestra Constitución española de 1978 declara que el Estado español tiene competencia exclusiva sobre la producción, venta, posesión y uso de armas y explosivos. Por ende, con arreglo a lo dispuesto en el artículo 4 del Reglamento de Armas, está expresamente prohibida la fabricación, importación, circulación, publicidad, compraventa, tenencia y uso de las armas o de sus imitaciones que sean el resultado de modificar sustancialmente las características de fabricación u origen de otras armas, sin la reglamentaria autorización de modelo o prototipo. En consecuencia, cualquier arma que sea producto de lo anterior, será considerada como un arma prohibida e ilegal.

Es más, el artículo 11 cita textualmente que "la fabricación de armas sólo se podrá efectuar en instalaciones oficialmente controladas, que se someterán a las prescripciones generales y especiales del presente Reglamento, aunque la producción se realice en régimen de artesanía". A pesar de que en el Reglamento de Armas no se especifique manifiestamente sobre las armas de fuego impresas en 3D, ha de tenerse en cuenta de que quedan incluidas perfectamente entre las prohibiciones que se han descrito previamente siempre que no se confeccionen en una instalación oficialmente controlada. Y es que, además, en ningún artículo queda reflejado que para que un arma de fuego sea considerada como tal, deba estar fabricada con piezas metálicas.

En cuanto al régimen sancionador, si alguien decide fabricar un arma de fuego con tecnología de impresión en 3D, el Código Penal español de 1995 contempla en su Título XXII de los delitos contra el orden público que se estarían cometiendo dos delitos punibles con su correspondiente sanción: primero, la fabricación de un arma de fuego, no autorizado por las Leyes o la autoridad competente, serán castigados con la pena de prisión de cuatro a ocho años, tal y como dispone el artículo 568. Segundo, una vez fabricada, será punible la tenencia de armas prohibidas y de la de aquellas que sean resultado de la modificación sustancial de las características de fabricación de armas reglamentadas, siendo castigada con la pena de prisión de uno a tres años a tenor de lo dispuesto en el artículo 563.

El único supuesto en el que es legal en España la tenencia de este tipo de armas de fuego viene estipulado en el artículo 5 del Reglamento de Armas: "Queda prohibida la tenencia, salvo en el propio domicilio como objeto de adorno o de coleccionismo, con arreglo a lo dispuesto en el apartado b) del artículo 107 de este Reglamento, de imitaciones de armas de fuego que por sus características externas puedan inducir a confusión sobre su auténtica naturaleza, aunque no puedan ser transformadas en armas de fuego". En otras palabras, estaría permitido tener un arma de fuego impresa en 3D dentro del hogar como un objeto de adorno o de coleccionismo.

En conclusión, y sin entrar en debates de pro o en contra de la tenencia de armas, es evidente que la tecnología de impresión en 3D ofrece convertir en cuestión de horas cualquier objeto surgido casi al antojo de la imaginación en algo completamente tangible y funcional. Sin duda, el potencial de esta tecnología de última generación es asombroso y en apenas un par de años desde su creación los métodos de fabricación y su expansión alrededor del mundo han progresado de forma extravagante, hecho que ha obligado de manera irremediable a que varios países hayan tenido que tomar cartas en el asunto según su propio criterio y adaptar la legislación. A día de hoy, no se conoce ningún incidente en el que un arma así se haya visto envuelta, pero siempre hay que esperar lo inesperado. Por último, simplemente lanzar una pregunta al aire: ¿hasta dónde llegaremos? El mañana es, sin duda, un misterio.

EL CIBERCRIMINÓLOGO

Prof. Dr. Abel González. Departamento de Criminología. Universidad a Distancia de Madrid (UDIMA)

Os voy a hablar de un pequeño grupo de personas que pueden hacer que el ciberespacio (sí el ciberespacio, algo inabarcable), sea más seguro para todos, pero sobre todo, para los más jóvenes. Este grupo se compone de personas, con multitud de conocimientos, que por separado no son tan eficaces como cuando se juntan todos ellos. La cibercriminología, campo en el que son expertos este grupo de criminólogos, aporta conocimientos sobre conductas problemáticas o delictivas en el ciberespacio y su trasvase a la vida real, aporta conocimientos sobre las consecuencias para las víctimas, pero lo más importante, aporta conocimiento para la prevención de estas conductas.

Se trata, además, de personas que no tienen el adecuado reconocimiento social, la sociedad ha invertido en su formación a través de muchas Universidades, pero no se ha utilizado su conocimiento convenientemente o no se conoce todo lo que pueden llegar a hacer, se trata de los criminólogos y las criminólogas especializados en cibercriminología: los cibercriminólogos.

A continuación vamos a ver qué opina este grupo sobre lo que sucede en el ciberespacio, cómo está cambiando la criminalidad (si es que está cambiando o simplemente adaptándose) y qué hacer. En primer lugar qué es el ciberespacio, nos dirán que se trata de un lugar en el que se producen relaciones humanas, como sucede en la vida real, es un lugar en el que puede suceder cualquier cosa que nos imaginemos, además es un lugar en el que se puede facilitar "ser malo", y lo explican: el ciberespacio facilita la labor en la comisión de delitos por varias razones, la primera porque no existen barreras, la segunda porque en el ciberespacio existe el anonimato y la tercera porque la posibilidad de controlar el ciberespacio es muy limitada.

En este escenario, la mayor vulnerabilidad se encuentra en aquellos lugares en los que existe algún tipo de transacción económica, o en aquellos lugares en los que buscamos obtener un beneficio determinado. Podemos dividir los cibercrímenes entre aquellos que atentan contra intereses económicos y aquellos que atentan contra intereses personales (vida y seguridad personal). En el caso de los más jóvenes lo que más sucede son aquellos en los que se atenta contra su seguridad personal, en concreto dos fenómenos, que estos amigos, nos van a describir: cyberbullying y grooming.

INVISIBLE DIGITAL REBELS
SSOOSAY HTTP://WWW.FLICKR.COM/PHOTOS/SSOOSAY/

El cyberbullying es la extensión de los problemas de convivencia al ciberespacio, es decir, se extiende de tal manera la agresión que llega a todos los rincones y se mantiene durante mucho más tiempo. En segundo lugar el child-grooming consiste en el acoso al que se somete a un niño/a o joven con el fin de obtener un beneficio sexual. Todos los días podemos observar noticias en las que alguien ha cogido la identidad de otra persona para hacerle la vida imposible o algún caso en el que un joven se ha suicidado porque no podía seguir con el acoso al que se le estaba sometiendo. Pero, ¿cómo funcionan estas tipologías criminológicas?

Para poder prevenir estas conductas debemos conocer

muy bien cómo se producen los fenómenos, por eso nuestros amigos criminólogos se han centrado en tratar de analizar, bajo teorías criminológicas, los principales aspectos de estos fenómenos. Por ejemplo han utilizado una teoría muy conocida en Criminología, como lo es la formulada por los profesores Marcus Felson y Lawrence E. Cohen, sobre las actividades cotidianas (publicado en su trabajo de 1979 "Social Change and Crime Rate Trends: A Routine Activity Approach"). Esta teoría se basa en la oportunidad delictiva, deja de preguntarse de si los delincuentes son buenos o malos y se centra en conocer qué condiciones se deben dar para que se produzca un crimen. Es especialmente útil en este sentido porque lo que analizamos es cómo influye el ciberespacio. En concreto lo que necesitamos conocer si existen delincuentes motivados, víctimas propicias y hay una ausencia de protectores, si todo esto confluye en algún momento en el mismo lugar se producirá el delito.

En el caso que ocupa a este grupo de cibercriminólogos, ¿cómo influye el ciberespacio en esta teoría?. Muy sencillo, nos contestarán, se aumentará el riesgo porque en el ciberespacio cualquier delincuente motivado puede llegar a un número ilimitado de víctimas propicias, no existe el tiempo ni el espacio, y por el propio desarrollo de Internet no existen los suficientes protectores eficaces (o guardianes).

Así podemos observar que es necesario conocer el ambiente en el que se produce, es decir, los diferentes lugares en los que se produce esta victimización (foros, redes sociales, chat-room,...) y aquí es donde intervienen los "guardianes de este espacio", los proveedores de estos servicios y responsables de las web.

Vamos a hacer una pequeña aproximación a lo que se puede hacer en dos problemas concretos: child-grooming y ciberbullying. Lo más importante es la selección de los grupos de riesgo, lo que este grupo conoce es que es más efectiva la prevención secundaria en este sentido, la dirigida a aquellos chicos y chicas con mayor probabilidad de convertirse en víctimas y agresores.

El conocer estos aspectos no es algo sin importancia, sino que tiene el poder de determinar qué podemos hacer, en cuanto a los proveedores de servicios ("guardianes capaces" o "supercontroladores") y las víctimas ("no propicias"). Este grupo nos dirá, teniendo en cuenta aspectos de prevención situacional (basadas en las 25 medidas propuestas por los profesores Cornish y Clarke, ya en el año 2003 a través de su trabajo 25 técnicas de prevención situacional), podemos hacer lo siguiente:

1. AUMENTAR EL ESFUERZO

- Entorpecer objetivos: en los dos casos (cyberbullying y grooming) debemos educar a las víctimas propicias en la desconfianza a la hora de iniciar contactos a través del ciberespacio. Y educar en la privacidad de los datos que se cuelgan en Internet.

- Controlar los accesos: esta es una tarea que corresponde a las familias y colegios, debemos educar a los padres/ madres y profesores en la necesidad de supervisar lo que hacen sus hijos o hijas en Internet. Y dicen supervisar, no controlar. De cara a los responsables de las webs implementar módulos de acceso más seguros.

- Controlar las salidas: En este caso se refieren al control de las personas que se encuentran en potenciales lugares criminógenos, lugares en los que se producen los primeros contactos entre los niños y los adultos. Por ejemplo se debería promover un adecuado control de acceso en aquellas redes sociales abiertas, como por ejemplo Habbo Hotel. Lo ideal es que estas plataformas identifiquen, de alguna manera, a los usuarios potenciales.

- Desviar transgresores: Hay que tener especial cuidado en aquellos lugares virtuales en los que se ha detectado un elevado índice de anonimato para que los diferentes grupos de edades estén debidamente separados. Separación de menores con posibles adultos que tengan intenciones "oscuras". De igual manera hay que potenciar la supervisión de los padres y el control por parte de los proveedores de servicios.

- Controlar facilitadores: Medidas interesantes, de cara a evitar problemas en aquellos casos extremos en los que los chicos o chicas quedan con personas desconocidas en el espacio real, es que estén localizadas, mediante el anuncio a algún adulto que pueda supervisar el contacto. Pero más interesante aún es el tema de los responsables de las web, podrían filtrar a los usuarios en función del uso que hacen de sus servicios, a través de la supervisión de sus comentarios o de las quejas de los usuarios.

2. AUMENTAR EL RIESGO

- Aumentar el número de guardianes: en este caso potenciar la educación para que todo internauta se convierta en una persona vigilante, que conozca los canales de comunicación de incidencias y sepa como utilizarlos para dar la voz de alarma en aquellos casos más graves.

- Facilitar la vigilancia: articular canales de comunicación efectivos entre usuarios y autoridades, a través del trabajo de los responsables de las webs.

- Reducción del anonimato: a través del control de los usuarios de las plataformas, conocer el perfil de cada uno de ellos. Educar a los chicos y chicas para que sean capaces de detectar aquellos casos "más raros" en los que las personas pueden disfrazar su identidad real.

- Introducir gestores de sitios: en los lugares en los que se produce un mayor incidencia de menores sería útil la figura de mediadores, articular servicios online que medien en los problemas del uso de estas redes, como consejo a los proveedores de servicios.

- Reforzar la vigilancia formal: comunicación directa con las autoridades y promover las actuaciones efectivas de éstas.

3. DISMINUIR LAS GANANCIAS

- Ocultar objetivos: mediante el uso responsable de los datos que se suben a la red y mediante la supervisión de los gestores de los lugares, donde adviertan del contenido que puede ser sensible.

- Desplazar objetivos: la separación de menores de adultos, según la utilización de los servicios.

- Identificar la propiedad: advertencias claras con las reglas que rigen en cada uno de los lugares. Importante que se conozcan las consecuencias de su mal uso.

- Trastornar los mercados delictivos: es una consecuencia de la actuación de las fuerzas y cuerpos de seguridad, mediante el entorpecimiento de acceso de "personas sospechosas", no hacer tan sencillo el acceso a la información en los sitios de Internet.

- Eliminar beneficios: a través de la educación de los menores, para la detección de situaciones problemáticas, no acceder a las peticiones que realicen, sin ponerlo en conocimiento del gestor del lugar o de algún adulto.

4. REDUCIR LAS PROVOCACIONES

- Reducir frustraciones/estrés: detectar aquellos casos en los que se produce tensión en las relaciones que se establecen, pueden funcionar la labor de los mediadores. Sobre todo en aquellos casos en los que se deniega el uso de determinados servicios en Internet.

- Evitar disputas: a través de los mediadores online antes mencionados, dar la imagen de control de las situaciones problema en los sitios de Internet.

- Reducir la excitación emocional: a través de la educación de los menores para que no suban información "sensible", como por ejemplo fotografías íntimas.

- Neutralizar la presión del grupo de referencia: actuar sobre las situaciones en las que las agresiones son grupales, acentuando la labor de los testigos de estas conductas y abrir canales de comunicación para que los gestores y autoridades puedan actuar en estos casos.

- Disuadir imitaciones: dar la sensación que las conductas problema son sancionadas en Internet también, no extender la creencia que todo está permitido en Internet.

5. ELIMINAR EXCUSAS

- Establecer reglas: establecer reglas claras y concretas del uso de determinados servicios en Internet.

- Fijar instrucciones: tener muy claras las instrucciones de uso de los diferentes lugares y las consecuencias del incumplimiento.

- Alertar la conciencia: dar a conocer cuáles son las consecuencias de estas conductas para las víctimas. Muy importante no centrar los programas de intervención en sólo estos aspectos, deben ser más amplios y conjugar todas las medidas que estamos desarrollando.

- Asistir la conformidad: remover las barreras para que los propios menores sean los que identifiquen las situaciones de riesgo.

- Controlar precipitadores: este estudio está muy avanzado y hace hincapié en conocer qué es lo que funciona en los agresores a la hora de dar el paso al acto. Pueden confundirse con algunas de las medidas aquí propuestas, pero la idea, es tratar de poner freno en el momento de paso al acto. Se pueden aplicar medidas como las que hemos visto de reducir el anonimato, pero aplicada en el momento de ir a cometer la agresión.

Estas medidas, nos dirán los cibercriminólogos, han sido muy criticadas, porque muchas se centran en el control, no dejan espacios de libertad y muchas veces se deja esta discrecionalidad en manos de las autoridades. En este caso se piensa que las medidas puramente educativas, sin medidas de supervisión o de control de los agresores, puede ser útil y suficiente. Debemos pensar en este aspecto, también es importante, pero a los cibercriminólogos los preocupa más conocer la efectividad de las medidas de prevención, ¿será efectivo lo que proponen?. Sobre esto también tienen respuesta, el único estudio en el que se pregunta esto llega a la conclusión que por mucho que se informe a los jóvenes, éstos siguen asumiendo los riesgos de conductas peligrosas en Internet.

Todo se reduce, como más de un experto en la materia suele decir, por ejemplo el autor del Blog de Angelucho (http://elblogdeangelucho.com), el mejor antivirus somos nosotros. Aunque hay que pensar en este caso que los menores necesitan una labor de apoyo y asesoramiento, si es guiada por expertos en al materia mejor.

Recordad dos cosas: utilizar este grupo para hacer de Internet un lugar mejor y educar a los más jóvenes en el uso de Internet, con sus riesgos incluidos, y sobre todo hay que dar a conocer los recursos existentes para las víctimas.

¿PUEDE TWITTER PREVENIR EL CRIMEN?

Jose Servera. Director de Criminología y Justicia.

Que la información es un instrumento valiosísimo, incluso fundamental, para la prevención del crimen y la correcta actuación en decisiones de política criminal es algo evidente. Y en ese espacio de información como instrumento, las redes sociales pueden convertirse en el aliado perfecto, o por lo menos eso se desprende de diferentes estudios científicos que están saliendo a la luz en los dos últimos años.

En este artículo me centraré en la revisión de diferentes papers enfocados a la potencial utilidad de Twitter en la prevención de la criminalidad. ¿Puede ser una herramienta valiosa y fiable?

70

Uno de los estudios más recientes, publicado el pasado mes, es el de Matthew S. Gerber (2014), analiza las posibilidades de Twitter como herramienta útil para la prevención del crimen.

IMAGEN DE GERALT [PIXABAY.COM]

Su hipótesis es que la localización, el momento y el contenido de los tweets son capaces de proveer información sobre futuros eventos criminales. Para ello, realizó un análisis de crimenes cometidos en Chicago entre enero y marzo de 2013, recolectando en el mismo periodo todos los tweets cuyas coordenadas se situaran en dicha población. Gracias a que la API de Twitter permite colectar esa información filtrando una serie de patrones, fue posible llevar a cabo el experimento.

Para ello, se utilizó la siguiente metodología:

1. Revisión de tweets obedeciendo al análisis de entre

100 y 900 tópicos (palabras clave) para cada tipología delictiva durante los primeros 31 días de estudio.

2. Haciendo predicciones para el día inmediatamente posterior a esos 31 días.

3. Repitiendo el proceso cada día. Así, una nueva predicción sobre criminalidad se va realizando cada día.

4. Se pone en comparación con un modelo predictivo basado en la estimación de densidad de Kernel (muy útil para la detección de "hotspots" o puntos calientes de criminalidad). El KDE se elaboró a partir de los datos mencionados sobre criminalidad en Chicago.

5. En el otro lado, se cruzan el modelo KDE (Kernel Density Estimation) con los tópicos de Twitter.

Los resultados desprendidos fueron que en 19 de los 25 tipos de delitos se mostraron mejoras sustanciales en la detección y precisión de puntos calientes. Esto resulta de gran utilidad por ejemplo a la hora de planificar las áreas donde se debe potenciar la vigilancia.

Ejemplo: A la izquierda observamos el mapa de densidad de las amenazas utilizando el KDE. A la derecha tenemos el mismo mapa de amenazas, pero cruzando el KDE con los tópicos de Twitter. Como se puede observar, existe una precisión mucho más elevada sobre los puntos calientes en los que se produce esta tipología delictiva.

Idéntica tesis maneja Coral Featherstone (2013) en un estudio sobre relevancia de las redes sociales en la prevención del crimen. En el mismo, analiza y compara estadísticas de criminalidad en 6 suburbios de Sudáfrica, con el uso de 5 tópicos o palabras clave en la red Twitter: secuestro, hurto, asesinato, robo de vehículo y robo con violencia. Estas palabras clave se combinaron con otras que se asociaran a la localidad en cuestión. Entre los resultados, se observó una mayor ratio de tweets como secuestros y robos con violencia cuando se comparaba con la cifra oficial de criminalidad. También comprobó que era bastante común twittear la matrícula y descripción de coches robados.

La autora defiende la postura de que la información proveída por usuarios en Twitter puede resultar útil para encontrar criminales, ya que las denuncias públicas que se realizan en dicha red contienen un elevado número de palabras clave. Del mismo modo, el hecho de que los tweets se obtengan en tiempo real da mayor celeridad en el manejo de la información. En este sentido, la autora parece olvidar que existe la posibilidad de usar software que permite programar tweets, lo que puede llevar a errores de interpretación. En este sentido, la minería de datos y el análisis estadístico es mucho más básico que el del primer estudio, en el que se desprende un conocimiento mucho más exhaustivo de Twitter.

Como consecuencia derivada de estos estudios, han surgido diferentes softwares que analizan el contenido de las redes sociales para fines de análisis y prevención de la criminalidad (por cierto, sin necesidad de vulnerar derechos fundamentales de los ciudadanos, ¿eh NSA?). Un ejemplo es el caso de SaferCity, software presentado por Michele Berlingerio, Francesco Calabrese; Giusy Di Lorenzo, Xiaowen Dong, Yiannis Gkoufas y Dimitrios Mavroeidis (2013).

Está diseñado para compilar y cruzar datos de diferentes redes sociales: usuario, localidad, marca de tiempo y texto (Ej:Tweets geolocalizados compilados de twitter), fotos geolocalizadas de diferentes servicios web como Flickr o Panoramio). Además, utiliza información sobre eventos públicos, incidentes reportados públicamente y quejas de ciudadanos, cuya fuente procede por norma general de los cuerpos y fuerzas de seguridad del estado, o datos públicos disponibles en la red. Podéis ver su funcionamiento en un vídeo que publicaron en Youtube.

¿Es entonces Twitter el Santo Grial de la lucha contra el crimen? Mejor no nos emocionemos. La misma Coral Featherston (2013) analizó en otro estudio posterior uno de las tesis que defendía a raíz de los resultados obtenidos: que Twitter podía servir como herramienta para la resolución de delitos particulares. Para ello, quiso realizar un experimento con la identificación y detección de vehículos a través de dicha red, que puede resultar de utilidad en el robo de vehículos.

Así, tuvo en cuenta las palabras clave que vemos en las tablas anteriores. Arriba se proponen palabras clave como "robo", "asesinato" o "secuestro". En la tabla de abajo se expone el contenido que se analiza en los tweets, a saber: si el tweet menciona un vehículo, si contiene la localización, si se provee un número de matrícula, el color, el modelo...En total, se filtran cerca de 10.000 tweets en un periodo de 3 meses que resultaban acordes a los tópicos anteriores.

Sin embargo, los resultados no fueron todo lo buenos que se podía esperar. En primer lugar, una gran cantidad de tweets eran inservibles o no guardaban relación alguna con vehículos reales. Por ejemplo, muchos tweets que obedecían a los criterios de búsqueda utilizados estaban en realidad relacionados con el popular videojuego Grand Thief Auto.

Así, de los 10.000 tweets analizados, apenas 203 obedecían a descripciones de vehículos.

De estos 203 tweets útiles, se observó que la localización, el color del vehículo y la matrícula eran las propiedades más reportadas. En la mitad de dichos tweets aparecía la localización. Sea como fuere, se trata de una muestra insuficiente y se observa una escasez de datos que ponen en duda la ayuda de Twitter para la resolución de casos particulares. También habría que plantearse si no hubiera sido necesaria en realidad una revisión de tópicos mucho más extensa.

Un último estudio de R. Dazeley, P. Watters y R. Layton (2010) analiza la posibilidad de identificar la autoría de un mensaje en 140 carácteres, algo que puede ser de mucha utilidad por ejemplo para la identificación de usuarios que se esconden tras una identidad falsa para proferir insultos o amenazas sobre otros usuarios. La metodología utilizada les permitió entre otras cosas:

- Identificar al 70% de los autores de los tweets.

- Se comprobó también la importancia que tenían las "Replys" (contestaciones que hace el usuario, o que le hacen a él). Cuando se eliminaba esa información, la precisión a la hora de acertar la autoría se reducía un 27%. Las conversaciones son capaces de proveer un importante grado de información sobre la identidad de las personas.

- Aproximadamente 120 tweets por usuario resultaban suficientes para determinar la identidad de una persona.

CONCLUSIONES

Si bien parece desprenderse que Twitter puede llegar a convertirse en una herramienta útil para el análisis y prevención general de la criminalidad, no resulta tan claro que esto sirva para la resolución de delitos particulares, por lo menos manejando solo esa información. En este sentido, creo que la hipótesis que maneja Matthew S. Gerber es la más coherente y menos pretenciosa: la información que se revela en Twitter puede ser eficaz para la detección de "hotspots", algo que no es nada despreciable y que puede dar lugar a la toma de decisiones eficaces en materia de seguridad pública. Así mismo, se hacen necesarios nuevos estudios que confirmen esta tendencia.

VIGILANTISMO: REFLEXIONES

Guillermo González. Subdirector de Criminología y
Justicia.

La ley y sus agentes – ya sean judiciales o policiales –
tienen su contrapartida en el crimen y el infractor. La
percepción que la sociedad tiene de los encargados de
hacer prevalecer la Ley varía según la concepción que se
tenga de éstos. Si bien su cometido primigenio fue el de
hacer respetar la ley y los preceptos legislativos, su
evolución lo acerca a un servicio ciudadano y, en
ocasiones, asistencial, traspasando la clásica barrera de
actuación que limitaba a la policía a neutralizar aquello o
aquellos que violaran las leyes. El papel del policía pasó
del deber de mantener el **orden público** al de mantener
la **seguridad pública como concepto de seguridad
integral**. Finalmente, el papel de la policía en un Estado

78

democrático y de Derecho es el de preservar la **seguridad ciudadana**.

La seguridad pública se desarrolla con el fin de sobrepasar el concepto de orden público abarcando múltiples variables, y no se circunscribe solamente al "mantenimiento del orden y la tranquilidad", pues su objetivo es el de establecer, mantener y eventualmente restaurar las condiciones de un estado de convivencia que permita el efectivo ejercicio de los derechos y las libertades (Recasens, 2007). El paulatino aumento de los delitos durante la segunda mitad de los ochenta en el metro de Londres indicó que no bastaba con un incremento de la vigilancia (cámaras y puntos focales); debía existir algún elemento dinámico que mantuviera el riesgo del delito bajo mínimos. Así nació el fenómeno social vinculado al vigilantismo conocido como Ángeles Guardianes. Se trataba de civiles que, agrupados y organizados, patrullaban al margen de la ley los sistemas ferroviarios con el objetivo de reducir la delincuencia y proteger a sus conciudadanos. Se llama vigilantismo al fenómeno por el cual personas ajenas a las instituciones securitarias y al aparato legislativo llevan a cabo tareas de patrulla y represión de delitos y presuntos delincuentes. Tres elementos son definidores del vigilantismo:

1. Lucha contra comportamientos antinormativos y contra la delincuencia.
2. Lucha desmarcada de la Ley y de los cauces institucionales.
3. Base comunitaria o popular.

En base a los tres preceptos anteriores, el vigilantismo

parte de la idea de que el sistema encargado legalmente de prevenir y contrarrestar las injusticias no funciona. Tras esa asunción, el fenómeno puede darse de dos modos:

1. Organizado y estable en el tiempo; un ejemplo son las patrullas ciudadanas, comunes en espacios donde la población es víctima de un considerable número de delitos. Dichas patrullas no suelen contar con la aprobación de la policía, pues se asume que el ciudadano medio no está debidamente entrenado e instruido para desarrollar exitosamente labores de persecución del delito, aunque su efecto preventivo puede ser positivo[1].

2. Esporádico, estable o inestable en el tiempo; Las llamadas turbas o linchadores son grupos de personas que, exaltadas y furiosas por una serie de hechos negativos o percibidos como injustos, deciden actuar por sí mismas y reaccionar ante el daño recibido, en el caso más violento a través a ejecuciones o linchamientos. Tenemos el ejemplo más visible en los linchamientos a delincuentes comunes, delincuentes violentos o incluso personas declaradas enemigos populares[2].

1. http://bit.ly/1ashux8
2. http://elpais.com/diario/1985/02/17/opinion/
   477442808_850215.html

FOTOGRAFÍA DE TOOKAPIC [PIXABAY.COM]

El término "tomarse la justicia por la propia mano" encuentra su razón de ser en llevar a cabo acciones definitivas como "justas" que, siendo éstas competencia de órganos o agentes autorizados, se realizan por parte de personas o grupos ajenos a las instituciones oficiales. La sofisticación de la parajusticia tiene un antecedente histórico conocido como juicios sumarios. El profesor Rod Morgan, experto en criminología y justicia criminal, pone en entredicho la justicia sumarial como elemento legal (y legalizado) de algo que, precisamente, adolece de falta de garantismo al obviar formalidades creadas para salvaguardar la legalidad, con el objeto único de acelerar los procesos judiciales[3]. Efectos negativos del vigilantismo.Si bien éste fenómeno ha encontrado popularidad en diversas expresiones artísticas, en la vida cotidiana ha presentado diversos incidentes, poniendo en

3. http://bit.ly/19fLN8Z

peligro la integridad tanto de la población civil, como de la policía o de los mismos héroes. El más lamentable ejemplo se halla en la contrapartida ideológica que supone la palabra justicia cuando ésta es empuñada por grupos violentos, como han sido los terribles linchamientos a hombres y mujeres negros en los Estados Unidos de América[4], ataques contra personas acusadas de colaborar con diversos estados o regímenes (como ocurrió en la Francia de Vichy o en España durante la infame Guerra Civil), o masacres contemporáneas contra personas consideradas inmorales según la idiosincrasia del grupo ofensor. En otros casos, algunas de las personas declaradas vigilantes o justicieras desarrollan labores de asistencia a las fuerzas del orden (no aprobada por la policía), poniendo en riesgo su integridad y, en ocsaiones, perdiendo la vida en ello[5]. Sin duda, el fenómeno del vigilantismo merecería una tesis doctoral debido a las múltiples esferas que operan en su gestión y desarrollo (trasfondo psicológico, sociológico, jurídico, etc), sobre todo porque sería posible agrupar bajo este nombre múltiples acciones y comportamientos que tienen en común la siguiente premisa: se lleva a cabo una parajusticia. ¿Hay algo que no quepa en la definición de vigilantismo? La respuesta es el terrorismo. La etiología de la palabra se encuentra en el contexto histórico de la Francia Jacobina, cuyo control social y político mediante métodos extremadamente coercitivos le otorgó el nombre de Terror. La brutalidad y falta de garantías con la que diversos gobiernos han mantenido su status de poder y

4. http://www.yale.edu/ynhti/curriculum/units/1979/2/
   79.02.04.x.html
5. http://bit.ly/1bwX17d

han reafirmado su posición institucional. Paulatinamente, con la llegada de los Estados de Derecho contemporáneos y la prohibición del uso de medida coercitivas sobre la población civil, así como la limitación de mandatos, el uso de la fuerza y del terror pasó a ser una herramienta no de quienes detentaban el poder, sino de quienes no lo poseen. El cambio de esfera (terrorismo de Estado a terrorismo a secas). La violencia terrorista, de carácter político, difiere del vigilantismo en los siguientes aspectos:

• Estabilidad en el tiempo.

• Objetivos distintos: el vigilantismo es la toma del ius puniendi, sin el objetivo de menoscabar la figuar del Estado; el terrorismo, cambiar la estructura de poder del Estado en beneficio de sus aspiraciones.

VIGILANTISMO EN LA RED

Cuestión a poner en debate sería si las acciones llevadas a cabo por grupos creados y operativos en Internet, como Wikileaks o Anonymous podrían ser considerados vigilantismo. El fenómeno de lucha social – tanto legal como no legal – gestionado y desarrollado en las redes recibe el nombre de hacktivismo. Su estatus, íntimamente ligado al activismo fuera de las redes, puede – y debe – ser tratado desde una nueva perspectiva legal; aquella ligada a la informática, las nuevas tecnologías y su uso, lo cual invitaría a un debate más profundo sobre qué acciones de parajusticia en red deben ser proscritas y cuáles son en sí mismas un servicio a la sociedad. Si bien algunos grupos de base no jerárquica y colaborativa como Anonymous nacieron sin un objetivo concreto, han existido ocasiones en que han enfocado sus acciones a combatir actos institucionales y políticos percibidos como injusticias, señalando a personas inocentes como autores de delitos que no cometieron, como el infame caso de Amanda Todd, la adolescente que, desesperada por el acoso recibido por Internet y en el colegio, se quitó la vida tras publicar un vídeo que fue viral.

REFLEXIÓN

Una de las muchas razones por las que me opongo a la pena de muerte es el margen de error. En el preciso instante en el que que la posibilidad de acabar con la vida de una persona inocente sea posible, no merece la pena abogar por semejante solución. Si bien hay razones mejores para oponerse a la pena capital, esta sí es una buena razón para desaprobar el vigilantismo tanto real como en la red. El conocimiento y su uso, así como la fuerza, deben estar al alcance de la ciudadanía, pero dicha cantidad de conocimiento y fuerza debe de ser usado de manera responsable. Es por ello que otorgamos el ius puniendi a la Institución Pública para que haga uso de ello de manera imparcial, proporcionada y respetando los Derechos Humanos y demas derechos fundamentales. Eso no significa que no deba cuestionarse la autoridad. Carl Sagan dijo en su momento lo siguiente:"Si no somos capaces de pensar con nosotros mismos, si no estamos dispuestos a cuestionar la autoridad, entonces nos dejamos caer en manos de aquellos que detenten el poder. Pero si los ciudadanos/as son educados y son capaces de formar sus propias opiniones, los que detenten el poder trabajarán para nosotros"[6]. Por lo tanto, el fenómeno del vigilantismo es el síntoma de una crisis institucional. Cuando la justicia no funciona, el inmovilismo tiene fecha de caducidad. Para prevenir esta clase de problemas, es necesario tender puentes mejor elaborados que acerquen la ciudadanía a aquellas estructuras que, al fin y al cabo, están a su servicio, y volver a convertir la res publica en eso: algo público.

6. Traducción no literalizada

BIBLIOGRAFÍA

PRÓLOGO II: EN DEFENSA DE UNA CRIMINOLOGÍA CYBORG

- ABC. (2015, 22 septiembre). Mueren más personas por selfies que por ataques de tiburón. *Abc.* Disponible en http://www.abc.es/recreo/20150922/abci-muertes-serfies-ataques-tiburon-201509221233.html

- Brenner, S. W. (2010). *Cybercrime :Criminal threats from cyberspace.* Santa Barbara, Calif.: Praeger.

- Castells, M. (2010). *The rise of the network society* (2nd with a new preface. ed.). Oxford: Blackwell.

- CEOP. (2013). *Threat assessment of child sexual exploitation and abuse.* London: Child Exploitation and Online Protection Centre. Disponible en https://ceop.police.uk/Documents/ceopdocs/ CEOP_TACSEA2013_240613%20FINAL.pdf

- Cohen, S. (2011). Folk devils and moral panics: The creation of the mods and rockers (3rd ed.). London: Routledge. doi:10.4324/9780203828250

- Clarke, R. V. G. (1999). *Hot products: Understanding, anticipating and reducing demand for stolen goods.* (No. 112). London: Home Office, Policing and Reducing Crime Unit, Research, Development and Statistics Directorate.

- Cornish, D. B., & Clarke, R. V. (1986). *The reasoning criminal: Rational choice perspectives on offending.* New York: Springer-Verlag.

- Cornish, D. B., & Clarke, R. V. (1987). Understanding crime displacement: An application of rational choice theory. *Criminology, 25*(4), 933-947

- El País. (2015, 9 julio). Cómo evitar la 'muerte por selfie': La guía del gobierno ruso. *El País.* Disponible en http://elpais.com/elpais/2015/07/09/tentaciones/ 1436456180_571915.html

- Europol. (2015). *The 2015 internet organised Crime Threat assessment (IOCTA).* The Hague: Europol. doi:10.2813/03524

- Fitbit. (2016). Fitbit official site for activity trackers & more. Disponible en https://www.fitbit.com/uk

- Golby, J. (2015, 2 septiembre). A teenager has accidentally shot himself dead while taking a selfie. *Vice.* Disponible en https://www.vice.com/en_uk/read/ houston-teen-dies-taking-an-instagram-selfie-with-a- gun-or-how-selfies-will-kill-us-all-505

- Haraway, D. (1991). *Simians, cyborgs and women: The reinvention of nature.* London: Free Association.

- IC3. (2014). *2014 internet crime report.* FBI. Disponible

en https://www.fbi.gov/news/news_blog/
2014-ic3-annual-report

- Katz, J. E., & Aakhus, M. (2002). Conclusion: Making meaning of mobiles- A theory of *apparatgeist*. En Autores (Eds.),*Perpetual contact: Mobile communication, public talk, private performance* (pp. 301-318). Cambridge: Cambridge University Press.

- Kuni, V. (2007). Cyborg – communication – code – infection. *Third Text, 21*(5), 649-659. doi:10.1080/09528820701600178

- Lipovetsky, G., & Charles, S. (2005). *Hypermodern times*. Cambridge: Polity.

- Millard, D. (2015, 27 agosto). Did instagram bro hero Dan Bilzerian get his start thanks to his father's dirty money? *Vice*. Disponible en http://www.vice.com/read/did-instagram-bro-hero-dan-bilzerian-get-his-start-thanks-to-his-fathers-dirty-money-827

- Miró Llinares, F. (2011). La oportunidad criminal en el ciberespacio: Aplicación y desarrollo de la teoría de las actividades cotidianas para la prevención del cibercrimen. Revista Electrónica De Ciencia Penal y Criminología, (13), 7:01-7:55.

- Newman, G. R., & Clarke, R. V. G. (2003). *Superhighway robbery*. Cullompton: Willan.

- Pérez Suárez, J. R. (2016a). *We are cyborgs: Developing a theoretical model for understanding criminal behaviour on the internet*. (Unpublished Doctoral Thesis). University of Huddersfield, Huddersfield.

- Pérez Suárez, J. R. (2016b, 14 febrero). Criminología

cyborg I: Sobre destrucción, deconstrucción y reconstrucción del ser humano/máquina. Disponible en http://jorgeramiroperez.blogcanalprofesional.es/criminologia-cyborg-i-sobre-la-destruccion-deconstruccion-y-reconstruccion-del-ser-humanomaquina/

- Ruiz Marull, D. (2015, 5 julio). Selfies extremos que llevan a la muerte. *La Vanguardia.* Disponible en http://www.lavanguardia.com/sucesos/20150705/54433730328/selfies-muerte.html

- Wall, D. (2007). *Cybercrime: The transformation of crime in the information age.* Cambridge: Polity.

- Wall, D. S. (2008). Cybercrime and the culture of fear. *Information Communication and Society, 11*(6), 861-884. doi:10.1080/13691180802007788

- Yar, M. (2005). The novelty of 'Cybercrime': An assessment in light of routine activity theory. *European Journal of Criminology, 2*(4), 407-427. doi:10.1177/147737080556056

- Yar, M. (2006). *Cybercrime and society* (1st ed.). London: SAGE. doi:10.4135/9781446212196

- Yar, M. (2014). *The cultural imaginary of the internet: Virtual utopias and dystopias.* GB: Palgrave Macmillan M.U.A.

- Yotta Life. (2015). Yotta life. Disponible en http://www.yotta.life/#intro-shift

- Zizek, S. (2009). *The plague of fantasies (the essential zizek).* London: Verso

EL CIBERESPACIO COMO MEDIO DE CONTROL

- Bauman Z. (2002). "*Modernidad Líquida*". España: Fondo de Cultura Económica de España.

- Bentham J. (2011). "*El Panóptico*". Madrid: Círculo de Bellas Artes.

- Bernete F. (2010). "*Usos de las TIC, Relaciones sociales y cambios en la socialización de las y los jóvenes*". Revistas de Estudios de Juventud, nº 88, pp. 97-114

- Busino G. (1992). "*La sociologiesensdessusdessous*". Ginebra: Droz.

- Castells M. (2001). "*Internet, libertad y sociedad: una perspectiva analítica*". Lección inaugural del curso académico 2001-2002 de la UOC. Obtenido el día 5 de Abril de 2016 en: http://www.uoc.edu/web/esp/launiversidad/inaugural01/intro_conc.html

- Castells M. (2008, 6 Enero). Entrevista por Pérez M., El País. Obtenido el día 25 de Febrero de 2016 en: http://elpais.com/diario/2008/01/06/domingo/1199595157_850215.html

- Deleuze G. &Guattari F. (1977). "*Rizoma*". Parma: Pratiche.

- Foucault M. (2012). "*Vigilar y Castigar*". Madrid: Biblioteca Nueva.

- Fukuyama F. (1995). "*Trust: The social virtues and the creation of prosperity*". New York: The Free Press.

- Goffman E. (2001). *"La presentación de la persona en la vida cotidiana"*. Buenos Aires: Ediciones Amorrortu.

- Haraway D. (1991). *"Simians, Ciborgs and Women: The Reinvention of Nature"*. London: Free Association.

- Lipovetsky G. (2014). *"Los Tiempos Hipermodernos"*. Barcelona: Anagrama.

- López R.A. (2015). *"Capital Social e Internet: un acercamiento teórico"*. Encuentro Nacional de Querétaro, *Nuevas Tecnologías, Internet y Sociedad de la Información.*

- More M. & Vita N. (2013). *"The transhumanist Reader: classical and contemporary issays on the science, Technology and philosophy of the human future"*. Malden: Wiley Blackwel.

- Navalles J. (2006). *"De Cyborgs y Extituciones: Ontología del Acontecimiento"*. Boletín Electrónico de Investigación de la Asociación Oaxaqueña de Psicología, n°3, pp. 129-132.

- Pérez J.R. (2016a). *"Ghost in the Machine: Moralidad, Autocontrol y Neutralización en Internet"*.En conferencias por el centenario de la facultad de Derecho, Universidad de Murcia (2015). Obtenido el día 25 de Febrero en:https://tv.um.es/video?id=70241&cod=a1

- Pérez J.R. (2016b). *"Criminología Cyborg I: Sobre la destrucción, deconstrucción y reconstrucción del ser humano/máquina"*. Blogcanalprofesional.

- Pérez J.R. (2016c). *"Criminología Cyborg II: Tecno-lírica (virus)"*. Blogcanalprofesional.

- Pérez J.R. (2016d). *"We are Cyborgs: Developing and theoretical model for undersanding criminal behavior on the Internet"* (Unpublished doctoral thesis). Huddersfield: University of Huddersfield.

- Ragnedda M. (2011). *"Internet y Control Social. Entre Rizoma y Gran Hermano"*. Perspectivas de la Comunicación, vol.4, n°1, pp. 42-52.

- Servera J. (2014). *"¿Puede Twitter prevenir el crimen?"*. Criminología y Justicia. Obtenido el día 24 de Febrero de 2016 en: http://cj-worldnews.com/spain/index.php/es/criminologia-30/item/2771-twitter-para-prevenir-el-crimen

- Waite C. (2015). *"Using the cyborg to re-think young people's uses of FaceBook"*. Journal of Sociology, vol. 51, n°3, pp.537-552.

IDENTIDAD SUBROGADA EN LA RED

- Abelson, H. &Lessig, L. (1998). *"Digital Identity In Cyberspace"*.MIT Computer Science And Artificial Intelligence Laboratory. Obtenido el 29 de Marzo en: <http://groups.csail.mit.edu/mac/classes/6.805/student-papers/fall98-papers/identity/linked-white-paper.html>

- Agar, N. (2004). *"Liberal Eugenics: In Defence of Human Enhancement"*. Malden, MA: Blackwell Pub.

- Buchanan, M. *"BBC NEWS | Americas | Drugs Involved in*

Friendly Fire Deaths." *BBC News*. BBC, 20 Dec. 2002. Web
Obtenido el 01 de Abril en: <http://news.bbc.co.uk/2/
hi/americas/2595641.stm>.

- Falconer, J. (2012). *"10 of The Most Disturbing
  Communities on The Web"*. Obtenido el 01 de Abril en:
  http://thenextweb.com/media/2012/08/04/10-of-the-
  most-disturbing-communities-on-the-web/.

- Garland, D. (2001). *The Culture of Control: Crime and
  Social Order in Contemporary Society*. Chicago: U of
  Chicago.

- Harvey, D. (1989). *"The Condition of Postmodernity: An
  Enquiry Into the Origins of Cultural Change"*. Cambridge,
  MA. Blackwell Publishers.

- Hobbins, P (2005). *"Liberal Eugenics: In Defence of
  Human Enhancement."* Journal of Bioethical Inquiry 2.2
  pp. 106-08. Accedido el 01 de Marzo.

- Kang, R., Brown, S. & Kiesler, S. (2013). "Why Do
  People Seek Anonymity on the Internet?" *Proceedings
  of the SIGCHI Conference on Human Factors in
  Computing Systems – CHI
  '13https://www.cs.cmu.edu/*.Carnegie Mellon University.
  Web. Obtenido el 01 de Abril en:
  <https://www.cs.cmu.edu/~kiesler/publications/2013/
  why-people-seek-anonymity-internet-policy-
  design.pdf>.

- Lind, W., Nightengale, K., Schmitt, J., Sutton, J. &
  Wilson, G. (1989).*"The Changing Face of War: Into the
  Fourth Generation"*.Marine Corps Gazette (pre-1994);
  73, 10; p.22.

- Mehlman, M., Lin, P. & Abney, K. (2013)."*Enhanced Warfighters: Risk, Ethics, and Policy.*" *SSRN Electronic Journal SSRN Journal* California Politechnic State University. Obtenido el 29 de Marzo en: <http://ethics.calpoly.edu/greenwall_report.pdf>.

- Miller, H. & Arnold, J. (2009) "*Identity In Cyberspace.*" *Connected Minds, Emerging Cultures: Cybercultures in Online Learning.*Ed. Steve Wheeler. Charlotte, NC: Information Age.

- *Number of Internet Users Worldwide.* Disponible en: <http://www.statista.com/statistics/273018/number-of-internet-users-worldwide/>

- Yar, M. (2006). Cybercrime and society (1st ed.). London: SAGE. doi:10.4135/9781446212196

LA AUTOPRODUCCIÓN DE ARMAS DE FUEGO CON LA TECNOLOGÍA DE IMPRESIÓN EN 3-D

- Aron J. (2014). "*UK government tried 3D-printing guns to assess threat*". New Scientist. Disponible en:http://www.newscientist.com/article/dn25666-uk-government-tried-3dprinting-guns-to-assess-threat.html#.VPsa1_mG-So

- Castromil J. (2013). "*Liberator, las claves de la pistola de impresión 3D*". 20 Minutos. Disponible en:http://blogs.20minutos.es/clipset/liberator-las-claves-de-pistola-de-impresion-3d/

- España. Ley Orgánica 10/1995, de 23 de noviembre, del Código Penal. *Boletín Oficial del Estado*, 24 de noviembre de 1995, núm. 281, pp. 33987-34058.

- España. Real Decreto 137/1993, de 29 de enero, por el que se aprueba el Reglamento de Armas. *Boletín Oficial del Estado*, 5 de marzo de 1993, núm. 55, pp. 7016-7051.
- Fernéndez burgueño P.; Muñoz Rodríguez J. (2013). *"Las impresoras 3D imprimen un nuevo horizonte legal"*. Abanlex Abogados. Disponible en: http://www.abanlex.com/2013/08/las-impresoras-3d-imprimen-un-nuevo-horizonte-legal/
- Greenberg A. (2013). *"Meet the "Liberator"*: Test-Firing The World's First Fully 3D-Printed Gun."Forbes. Disponible en:http://www.forbes.com/sites/andygreenberg/2013/05/05/meet-the-liberator-test-firing-the-worlds-first-fully-3d-printed-gun/
- Home Office. (2014). *"Guide on Firearms Licensing Law"*. Disponible en:https://www.gov.uk/government/uploads/system/uploads/attachment_data/file/363016/Guidance_on_Firearms_Licensing_Law_v10_-_Oct_2014.pdf
- La Tribuna del País Vasco. (2014). *"Estados Unidos contempla las armas fabricadas con impresoras 3D como una amenaza para la seguridad nacional"*. Disponible en:http://latribunadelpaisvasco.com/not/1519/estados-unidos-contempla-las-armas-fabricadas-con-impresoras-3d-como-una-amenaza-para-la-seguridad-nacional-/
- Leon3d. (2014) *"California intenta legalizar las armas impresas en 3D"*. Disponible en: http://www.leon-3d.es/california-abre-el-camino-a-la-legalizacion-de-las-armas-impresas-en-3d/
- Marin, E. (2014). *"Las armas hechas con impresión 3D son*

una realidad y cada vez más peligrosas". Hipertextual. Disponible en:http://hipertextual.com/2014/08/impresion-3d-armas

- Regueira, M. (2014). *"Liberator, la pistola que se puede imprimir en 3D en casa, alcanza las 100.000 descargas"*. Xombit. Disponible en: http://xombit.com/2013/05/liberator-pistola#

- Romero, S. (2014). *"Imprimir y cocinar cualquier comida con una impresora 3D"*. Muy Interesante. Disponible en:http://www.muyinteresante.es/innovacion/alimentacion/articulo/imprimir-y-cocinar-cualquier-comida-con-una-impresora-3d-421407243915

- Sanz,E.(2009). *"La primera bioimpresora comercial de órganos"*. Muy Interesante. Disponible en:http://www.muyinteresante.es/innovacion/medicina/articulo/la-primera-bioimpresora-comercial-de-organos

- 3ders.org. (2013). *"UK Home Office updates firearms rules banning 3D-printed guns"*. Disponible en:http://www.3ders.org/articles/20131206-uk-home-office-updates-firearms-rules-banning-3d-printed-guns.html

www.ingramcontent.com/pod-product-compliance
Lightning Source LLC
LaVergne TN
LVHW092338060326
832902LV00008B/707